集客から顧客管理・決済まで

ひとりビジネスを助ける
最強のWebツール

最新

リザーブストック公式ガイド

オフィシャルトレーナー 白川 かおり【著】／オフィシャルトレーナー資格発行者 西宮 鉄二【監修】

秀和システム

※ブラウザは Google Chrome を使用しています。
※本書で解説しているリザーブストックの機能および画面は、2019年6月現在の有償版を基本的に使用しています。
※本書の内容については、リザーブストック運営会社クラウドリンク株式会社からの直接の情報提供ではありませんので、ご承知おきください。

●注意
(1) 本書は著者が独自に調査した結果を出版したものです。
(2) 本書は内容について万全を期して作成いたしましたが、万一、ご不備な点や誤り、記載漏れなどお気付きの点がありましたら、出版元まで書面にてご連絡ください。
(3) 本書の内容に関して運用した結果の影響については、上記(2)項にかかわらず責任を負いかねます。あらかじめご了承ください。
(4) 本書の全部、または一部について、出版元から文書による許諾を得ずに複製することは禁じられています。
(6) 商標
本書で掲載されているソフト名、サービス名などは一般に各メーカーの商標または登録商標です。
なお、本文中ではTMおよび®マークは明記していません。
書籍中では通称またはその他の名称で表記していることがあります。ご了承ください。

はじめに

　リザーブストックは、ひとりで起業する人にとって、「オンライン秘書」としての役割を果たしてくれるWEBシステムです。
　起業家の方たちからは、こんな声が聞こえてきます。
「パソコンが苦手なのに、やらなければいけないことが多すぎる…」
「メールマガジンの配信、講座の案内、セッションの申し込み画面の作成…、いろいろなツールを使いこなすのが大変…」

　リザストは、たったひとつで、それらのすべてを兼ねてくれます。
　それだけでなく、お知らせの配信や、入金管理、領収証の発行、顧客管理や決済といった、面倒な事務処理作業までできてしまうのです。ひとり起業家が直面する、パソコン作業や事務作業がラクになり、申し込みが入りやすい仕組みが簡単にできあがるので、ビジネスも軌道に乗りやすく、人気起業家になる人が続出しています。

　人気に火がついて、忙しくなってきた方にもおすすめです。
　普通なら、新しくスタッフを雇ったり、外注したりする必要も出てきて、コストもかかりますし、人間関係を築くのも大変です。でも、リザストの機能は秘書の役割を果たしてくれるので、多忙になってもスタッフを雇うことなく、スムーズに仕事ができるのです。

　ここで、リザストを活用してビジネスや家庭の変化が起きている方をご紹介します。
　Sさんは、パーソナルトレーナーとして起業しました。私がコンサルさせていただいた当初は、パソコンが苦手でブログもよくわからなかったのですが、リザストを使うことで、情報発信も、WEBの予約申し込み画面づくりもできて以来、どんどんビジネスが軌道に乗り、起業して3年で一般社団法人を立ち上げ、組織も拡大中です。
　リザストには、組織が大きくなってもサポートできる機能がたくさんあるため、会員数が激増しても、事務作業で業務が爆発することなく、現在も順調にビジネスが動いています。

　スピリチャルカウンセラーのMさんは、メルマガの機能を活用して、イベントでは約200人以上を毎月コンスタントに集客をしています。
　それだけの人数の申し込みがあっても、リザストがオンライン秘書として管理してくれ

るので、忙しくなることもありません。Mさんは安定的な収益を得られるだけでなく、家族との時間も大切にできる働き方ができているそうです。

　日本WEBセレブ協会のTさんは、心理学の先生向けにブログ・リザスト講座を教えています。リザストで一度仕組みを作ったあとは自動化できるため、空いた時間で子どもの送迎や家族との時間を大切にできるようになりました。

　同協会のKさんは、リザストを使う前は、「お問合せやお申込みにすぐに対応しなければ」という思いでいつもスマホを見てばかり。ご家族から不満を持たれていました。そんな中、リザストを使い始めてからは、お返事やお問合せも自動化でき、予約が入ってからのお客様とのやりとりがスピーディに。今ではご家族も応援してくれています。

　起業家には、しなければいけないことがたくさんあります。
　私は、リザーブストックを通して、面倒な作業に追われて疲れてしまっている方や、ひとりでは事務作業が追いつかなくなってきている起業家さん、組織が大きくなってきた経営者さんたちのお役に立つ活動をしています。

　本書は、「リザストがいいと聞いたから登録したものの、使い方がわからない」「もっと使いこなせるようになりたい」という方のために執筆しました。

　リザストを使えば、人生が変わります。
　起業家として、あなたがファンを増やし、ラクにビジネスができるきっかけとなれば幸いです。

2019年6月
白川かおり

はじめに ……………………………………………………………… 3
リザーブストックとは ……………………………………………… 12
オンライン秘書 リザストでこんなに人生が変わる! ………………… 14
「起業家になる」と決め、「お申し込みが入る」までの流れ ………… 16
リザーブストックを使う準備をしよう ……………………………… 18
Google Chrome (グーグルクローム) をインストールしよう ……… 22

🍈 STEP1
あなたのリザストの顔になる!基本の設定をしよう ………… 25

1.1	完成画面はこうなる! …………………………………………… 26
	4つの基本設定をしよう
1.2	プロフィールを作ろう ………………………………………… 28
1.3	顔写真とテーマカラー、ヘッダーの設定をしよう ……………… 33
1.4	「署名」の設定をしよう ………………………………………… 36
1.5	領収書に表示する名前を設定しよう …………………………… 37

🍈 STEP2
講座を作ろう ……………………………………………………… 39

2.1	単発講座と連続講座(グループ予約)とは? …………………… 40
	単発講座とは/連続講座(グループ予約)とは
2.2	講座ページの作り方 ……………………………………………… 40
	できあがりのイメージ
2.3	タイトル、日程、お支払などを設定しよう ……………………… 42
	イベントの紹介文に写真をのせよう
2.4	講座ヘッダー案内文を作ろう …………………………………… 46
2.5	受付フォームを作ろう …………………………………………… 48
	任意の入力項目の設定
2.6	お客様へ送る4つのメールを設定しよう ………………………… 50
2.7	決済金額を設定しよう …………………………………………… 53
	PayPalを設定してない場合/PayPalを設定してある場合
2.8	ほかの人とコラボをするとき …………………………………… 55
2.9	実際の画面を確認しよう ………………………………………… 56

2.10	イベントを公開しよう	56
	上部の各ボタンについて	
2.11	連続講座（グループ予約）を作ろう	59
	できあがりのイメージ／連続講座の作り方／日程の追加・開催時間変更・日程の削除方法	
	連続講座を編集しよう	
	超事例!! やってみよう	62

🍊 STEP3
あなたのファンがどんどん増える！
メルマガを設定しよう！ ……… 63

3.1	リザストメルマガの特徴とは？	64
3.2	誰のどんな悩みを解消したいのか、ゴールを設定しよう	65
3.3	テンプレートを使って、タイトルを考えよう	66
	❶ 2つの価値を表現した強力キャッチコピー	
	❷ 誰もが知りたがる「秘密」「方法」をアピールしたキャッチコピー	
3.4	できあがりのイメージ	67
3.5	「○○（あなたの名前）公式メルマガ」タイトルを変更しよう	68
	あなたらしいメルマガタイトルに変更してみよう	
3.6	魅力的なランディングページを作ろう	70
	ランディングページ（申込み受付ページ）の設定をしよう／Ⓐ ヘッダーを別の画像に変更しよう	
	Ⓑ「受付フォームの文章」を設定しよう／できあがりを確認しよう	
3.7	完成したらブログやFacebookで告知しよう	74
	ブログで告知する方法（アメブロでの告知方法）／Facebookで告知しよう	
3.8	メルマガを配信してみよう	76
	メルマガ記事作成画面を表示しよう／メルマガを送信する3つの方法	
	見出し、囲み枠の色を選ぼう／メルマガ記事を作成しよう／本文をテキストメールに貼り付けよう	
	テストメールを送ろう／読者に送ってみよう／予約配信をしよう／配信後の状況を確認しよう	
3.9	メルマガ設定ボタンの役割	84
3.10	特定商取引法に基づく表記	86

🍊 STEP4
理想のお客様を引き寄せる！ステップメールを設定しよう ……87

4.1	ステップメールとは？	88
4.2	ステップメールとメルマガはどう違うの？	88

4.3	知っておきたい3種類のステップメール	89
	❶自己紹介／❷手軽に知識を伝えるメール講座	
	❸講座受講者のためのフォローメール（アップセル）	
	おすすめステップメール	90
4.4	できあがりのイメージ	92
4.5	ステップメールの基本設定をしよう	93
	新規のステップメールを登録しよう／メールの本文を入力しよう	
	ヘッダーや受付フォームなどを設定しよう	
4.6	記事の作成画面を表示しよう	96
4.7	ステップメール1通目を書いてみよう	97
	2通目以降を作成しよう／ひな形を設定しよう	
	エラー!!「メールの表題を設定してください。」／ステップメールを公開しよう	
	mail_phrases（メールフレーズ）を使いこなそう!!	
4.8	記事の順番を変更するには？	101
	リザストユーザー145人の「理念」	102

STEP5
驚くほど簡単でスムーズ！
個人セッションフォームをつくろう! ……… 103

5.1	個人セッションメニューを作ろう	104
	Interview　個人セッションでMVPを獲得している秘訣	105
5.2	できあがりのイメージ	106
	「初回無料　オリエンテーション」申込フォームを作ろう	
5.3	予約受付時間を設定しよう	107
	一括設定をする場合の方法／個別設定をする場合の方法	
	受付時間を変更したいとき／受付けた時間枠を削除したいとき	
5.4	メニューを設定しよう	109
	登録したメニューの編集・変更／できたところまで確認しよう／実際に申し込みをしてみよう	
5.5	予約の詳細設定をしよう	113
5.6	オプションのメニューを作ってみよう	114
5.7	複数のメニューをグループ化してみよう	115
	できあがりのイメージ／設定してみよう	
5.8	4つの自動返信メールを設定しよう	117
	❶自動で予約が確定した際の返信メールの設定／❷予約前自動確認メールの設定	
	❸予約後サンキューメール（セッション終了後）の設定	
	❹予約後あれからいかがですか?メールの設定	

5.9　ブログパーツやQRコードを設定しよう ··· 119
5.10　店舗・講座風景の画像を入れよう ··· 120
5.11　個人セッションの説明文を入れよう ··· 121
5.12　スタッフが増えても対応できる ·· 122
　　　できあがりのイメージ／スタッフを追加しよう／スタッフごとに予約を受ける時間を設定しよう
5.13　その他の設定：❶お客様の代わりに予約する ···································· 125
　　　お客様を検索して予約する方法（既存のお客様の場合）／予約の時間を設定しよう
　　　予約内容を確認しよう／名簿にないお客様を登録する方法
5.14　その他の設定：❷入金処理と領収証の発行 ······································ 128

STEP6
1週間で1000リストも夢じゃない！
診断ツール「ファストアンサー」をつくろう！ ················ 129

6.1　ファストアンサーとは？ ·· 130
　　　ファストアンサー成功事例 ·· 131
6.2　人気の「ファストアンサー」をチェックしてみよう！ ······························· 133
6.3　ファストアンサーのタイトルを作成してみよう ······································ 134
　　　できあがりのイメージ／ファストアンサーの新規登録を始めよう
　　　ファストアンサー受付の画面を作ろう
6.4　診断の質問と回答を作成しよう ··· 136
　　　質問と回答の追加画面を表示しよう／項目を追加しよう
　　　選択肢の数だけ繰り返そう／すべての質問を設定しよう
6.5　「回答されるメール」の先頭に入る文章を作成しよう ···························· 138
　　　自動回答メールの文章を設定しよう
6.6　公開してブログやFacebookで告知しよう ··· 140
　　　「受付中（公開）」にしよう
6.7　お客様からの回答の結果を確認しよう ··· 141
　　　リザストユーザー145人の「理念」 ··· 142

STEP7
自由自在に商品を売れる！
オンラインショップを作ってみよう！ ······························ 143

7.1　リザストでオンラインショップを作ろう ··· 144
　　　オンラインショップ成功事例 ·· 145

8

7.2	オンラインショップを作る準備をしよう	146
7.3	「会員だけが見られる」オンラインショップを作ろう	147
7.4	商品を追加しよう	147
	商品の追加画面を表示しよう／商品内容の詳細を入力しよう	
7.5	支払方法・送料・お届け予定日・メルマガ設置などの基本設定	150
7.6	商品を限定公開して会員だけに販売しよう	152
7.7	商品の入金処理と領収証を送ろう	152
	入金確認メールを送ろう／領収証の宛名や但し書きを変更しよう	
7.8	商品を分類して、わかりやすく表示しよう	154
	新しいカテゴリを登録しよう／商品を関連づけよう／できあがりのイメージ	
7.9	PayPalを使って自動的に支払いを受け取る設定をしよう	157
	PayPalアカウントをビジネスアカウントにアップグレードしよう	
	API証明書を発行しよう／リザストとPayPalを連携しよう	

STEP8
お客様とのコンタクトがスムーズに！ いろいろなフォームを作ろう …… 159

8.1	このSTEPで作成するフォーム	160
8.2	❶アンケートフォーム「リザスト/アメブロ質問箱」を作ろう	161
	できあがりのイメージ／アンケートフォームの作成画面を表示しよう	
	アンケートフォームの基本設定をしよう／フォームのランディングページを編集しよう	
	アンケートフォームの入力項目を設定しよう	
8.3	追加項目ののの6つの名前と役割を覚えよう	167
8.4	❷「講座感想フォーム」を作成し、自動で送信できる設定をしよう（上級編）	168
	個人セッション終了後にアンケートフォームを送る設定	
8.5	汎用フォームの便利な使い方	171
	お問合せを一覧で表示しよう／お問合せをいただいた方全員に一斉メールを送ろう	

STEP9
高額商品の販売や定額サービスの提供もラクラク！ 月額／年額・分割契約をつくろう！（契約サービス管理）… 173

9.1	リザストの便利な契約サービス管理	174
	月額サービス成功事例	175
9.2	入会金3,000円・毎月3,000円のコミュニティを作ろう	177

9

9.3	実際に作成してみよう	178
	❶契約内容を設定しよう／❷ランディングページを作成しよう	
	❸契約締結時の返信メールを作成しよう／❹名前やメールアドレス、必要項目を作成しよう	
	❺できあがったら公開にしよう	
9.4	契約状況の確認・解約などについて	184
9.5	○○講座15万円を3回分割での契約にする場合	185
	契約サービスの内容を設定しよう／確認して公開しよう	
	リザストユーザー145人の「理念」	186

STEP10
組織が大きくなっても対応できる！協会・団体の運営に活用しよう！（協会管理機能） ……… 187

10.1	コミュニティの運営を助ける「協会管理」機能とは？	188
	「協会管理」機能を活用するメリット／多くの法人が活用している	
	「協会管理」機能を活用している法人の一例	
	協会管理成功事例	190
10.2	協会管理機能を開設しよう（協会側の設定）	193
	❶協会管理アカウントに切り替えよう／❷協会員のタイトル（役職）を決めよう	
	❸認定講師（協会員）を追加しよう／❹協会員のタイトル（役職）を決めよう	
10.3	協会の認定講師として「承認」しよう	197
10.4	協会としての認定講座（公式セミナー）を作成しよう	198
	認定講座（公式セミナー）を作成しよう／認定講座開催のポイント	
	公式講座を認定講座として設定しよう	
10.5	認定講師が認定講座（公式セミナー）を開催する方法	199
	認定講師自身が行う設定	
10.6	認定講座の申し込み者を確認しよう	201
	協会側の画面	

STEP11
便利な機能を使いこなそう！リザスト活用編 ……… 203

11.1	リザストTOP 画面の全体像	204
11.2	画面を大きく使おう	206
11.3	「見出し枠」や「囲み枠」の使い方	207
	「見出し枠」「囲み枠」の設定／枠線・囲み線の基本の使い方とは	

見出しや囲み枠を移動（切り取り）させる方法
見出しや囲み枠をソースコードを使って移動させる方法

11.4 メルマガを同じフレーズでいつも使えるテンプレートにしよう ……… 211
オリジナルのテンプレートを作ろう／テンプレートの設定方法

11.5 入金処理をして領収証を送ろう ……………………………………………… 213
イベントお申し込み者へ「入金処理」と「領収証」の発行方法
PayPalの入金確認メールの設定をしよう

11.6 「売上管理」と「顧客管理」……………………………………………… 216
「売上管理」とは／「名前」「メールアドレス」いろんな検索をしよう

11.7 オリジナルのヘッダーを作ろう ………………………………………… 218
画像作成ソフト「canva」（キャンバ）でヘッダーを作成しよう
ランディングページにイベントヘッダーを挿入しよう

11.8 zoomで講座を開催しよう ……………………………………………… 223
オンラインzoomとは／zoomのアカウントを作成しよう／zoomを開始しよう
受講者にURLを伝えよう

11.9 ペライチとリザストを連動させよう ………………………………… 227
❶イベントページのURL／❷個人セッションURL
❸商品ページのURL／❹お問合せページのURL

11.10 他社イベントサイトに連動しよう［栃ナビさんの場合］……………… 230

11.11 電子印影を作り、領収証を発行してみよう ………………………… 231
電子印影を作ってみよう

11.12 Googleアナリティクスを設置しよう …………………………………… 233

11.13 他メールスタンドから読者を移行させよう ………………………… 236
❶フォームズよりログデータを取得しよう／❷リザストのCSVテンプレートを取得しよう
❸作成したファイルを読み込もう

11.14 グループレッスンで会場表示ができるイベントの作り方『上級テクニック』……… 241
❶グループレッスンを作成しよう／❷単発イベントを作成しよう
❸サブタイトルに場所名を入れよう／❹その他の項目を設定しよう
❺グループイベントと連動／❸修正しよう

リザーブストックよくあるお問い合わせ ……………………… 247
リザーブストックオフィシャルトレーナー協会からのご案内 ……… 249
日本WEBセレブ協会とは ……………………………………… 250
あとがき …………………………………………………………… 251
読者限定特別無料プレゼント …………………………………… 253
索引 ………………………………………………………………… 254

リザーブストックとは

リザーブストックは、開発者の相馬純平氏が、特に個人事業主の方にとって大変な、ファンづくり、集客、セミナーやイベントの事務作業、個別予約管理、顧客管理、連絡などのお手伝いをできるように工夫された、非常に優れたクラウド上のマーケティングシステムです。

名前の由来

「リザーブ（reserve＝予約）」&「ストック（stock＝蓄え）」で、リザーブストックを使っていただく方に、「いつも予約がいっぱい入っている状態」になってもらいたい、という思いが込められています。

リザストはなぜ招待制なの？

リザーブストックの利用者は、必ずどなたからかのご紹介でリザーブストックに出会っています。

その紹介者の方も、きっとリザーブストックを通じて、何かしらの価値や成果があったからこそ、リザストを紹介されたと思います。

リザーブストックとは

リザーブストック（通称「リザスト」）とは、年間300万人以上の市場にアクセスできる、個人事業主向けのビジネス支援システムです。

「自分生きビジネスのプラットフォーム」として、見込み客の獲得からファン化コミュニティ形成まで、ワンストップで行うことができる、簡単で、優れたインターネットマーケティング・集客管理のシステムで、特に、コーチ・コンサル・カウンセラー・サロンオーナーなどの、個人事業主や協会などの組織を運営している方から圧倒的な支持を得ています。

リザーブストックの特長

リザーブストックの特長は、システムの利便性だけでなく、「口コミ」を起こす仕組みとなっています。

システムの流れに沿って順番に利用するだけで「売り込まずに売れる」ようになり、確実に「自分生きビジネス」で成功することができるという点にあります。

ほとんどの優れた機能を無料で試すことができます。
　実際に売上をあげられるようになってから、「有料版」に移行し、さらに売上を伸ばしましょう。

💍 料金表

月々たった **5,180円** で
1人でも 新規が増えれば **もとが取れる！**

広告表示　携帯アクセス制限　回数制限　機能の制限　を **解除**

機能	無料版	Professional プロフェッショナル	EXPERT エキスパート	premium プレミアム
	ステップメールやメルマガを配信して見込み客集めをしたい方向け	個別予約やイベントセミナーの受付など制限無くご利用したい方向け	多数の決済を自動化したい、カードで決済をスムーズにしたい方向け	スポンサー向け
月間使用料(税込)	無料	5,180円 ご購入	10,360円 ご購入	62,160円 ご購入
年間使用料(税込)	無料	56,980円 ご購入	113,960円 ご購入	683,760円 ご購入
メルマガ配信の優先度	低	中	高	高
混雑時の操作優先度(管理画面のみ)	低	中	高	最高
広告表示	表示	非表示	非表示	非表示
リザーブストッククレジット表示	表示	非表示	非表示	非表示
一括登録による顧客数	500名	10000名	50000名	100000名
予約受付上限/月	5名	無制限	無制限	無制限
イベント受付件数/月	10	1000	10000	10000
新規契約締結数/月	2	5	無制限	無制限
メルマガ/ステップメール数	2	30	80	100
メルマガ総配信数/月	10000通	100000通	500000通	10000000通
ファストアンサー数	1	5	10	10
ショップの出展商品数	10	50	80	100
PayPalでの合計決済金額	30,000円	300,000円	8,000,000円	10,000,000円
お問合せ/アンケートフォーム数	2	20	100	100
最大コース登録数	10	30	50	50
最大オプション登録数	3	15	30	30
画像アップロード数	1000	5000	50000	100000
特典				バナー広告掲載 セミナーご招待 プロフェッショナルアカウント1つ

オンライン秘書

リザストでこんなに人生が変わる！

起業スタート
大好きなことを仕事にしまーす！

↓

基本設定
理念が決まった！だれのために
何のために、という軸が決まり、自分の仕事が
世の中のためになると思えるようになった

↓

メルマガ
「メルマガ読んでいます」と嬉しい声を
いただけるようになった。ガッツポーズ

↓

講座
「素敵な講座をありがとう」
「生き方が変わりました」講座大盛況

月額サービス

毎月安定した収入が入ってきた。
旅行しながら働きたいときに働くという夢が現実になる♡

フォームを作る

良い感想が自動的に届くため、講座の質を高めることができる。楽しみながら、起業ができるようになってきた

オンラインショップ

商品が売れ始める。勝手に売れるってありがたい。今までの苦労が実るってこういうこと！実感がワクワク♡

ファストアンサー

お願いしなくても口コミが起きてきた。感謝しかない毎日「ありがとう」の連発。濃いファンやリピーターからも感謝される

個人セッション

マンツーマンセッションで売上が安定してきた。家族とちょっと贅沢ができる

ステップメール

売り込まないのに申し込みが入る。
やったね！家族と過ごす時間が増え、家族からも「ママ頑張って！」と応援され嬉しい♡

「起業家になる」と決め、「お申し込みが入る」までの流れ

あなたが「起業家になる」と決めた時、あなたの事をだれも知りません。
はじめにすることは、ホームページやブログ、SNSを立ち上げたり、チラシを作成したり、交流会で名刺を配り、知ってもらう事や、お友達に勇気を出して「起業をはじめたよ!」と宣言し、お友達を誘ってお茶会を開いたり、と「知ってもらう」ことがスタートになります。

そうすると、あなたの商品や人柄や理念に共感してくれた方からは「口コミ」が始まります。
段々と「評判」が立ってきます。
ここで大切なのは「信頼」を積み重ねることで、信頼関係が高ければ、問合せが入り、信頼関係が低ければ、商品が良くても、「知ってもらっただけ」で終わってしまいます。

そして、あなたに興味を持った方に活用できるのが、無料の「電子コンテンツ（メルマガ・ステップメール・ファストアンサー）」です。
なぜ、無料のコンテンツ（メルマガ・ステップメール・ファストアンサー）が大事かというと「見込み客リスト」が取れるからです。このリストは、講座をやりたいという時に、「見込み客」に直接ご案内ができます。

「フェイスブックの友達」もリストですが、それは「見込み客リスト」ではなく「協力者リスト」。「協力者リスト」から講座に来てくれたり、商品が売れる場合もありますが、基本は、応援をしてもらう人ですので、売り込まれると嫌われます。実際はメルマガ登録してくれた人が「見込み客」となります。リザストでのリストは、ずばり「ファンリスト」です。
その「ファンリスト」にメルマガで講座やお客様への有益な情報を繰り返し案内していくと、「登録してから2年間、ずっと読んでいたけれど講座には来ていなかったけれど、タイミングがあったので参加しました。」というように、その人に必要なタイミングで来てくれるようになってきます。

そして、フロント講座などに来てもらってサービスを「体験」してもらい、その中で「よかったらいかがですか？」という形で、バックエンド商品（本命商品）も紹介していくことができます。
それは、売り込むのではなく、「来た人に案内をする」という感じです。そうすると、高額のバックエンド商品であっても、自然な流れで売れるようになります。

リザーブストックを使う準備をしよう

❶リザーブストックを使っている会員に、招待を申請する
❷招待メールが届く
❸リザーブストックに会員登録する

招待メールを受け取って、会員登録をしよう

　リザーブストックを使ってみたい方は、「リザーブストックを始めるには」で検索してみてください。筆者のブログ（アメブロ）がヒットすると思います。「リザスト招待希望はこちら」をクリックして登録してください。私から招待メールをお送りします（PC用のアドレスで申し込んでくださいね）。右のQRコードも利用できます。
　招待メールが届いたら、リンクからリザーブストックの登録画面を開いて、手続きをしてください。

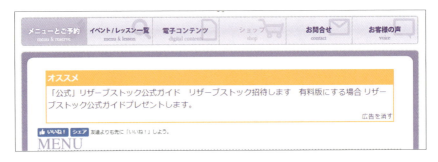

　私から招待された方は、有償版に切り替わるまで画面上部に表示されますが、ご了承ください。

```
リザーブストックは、カウンセラー、コーチ、コンサルタント、セラピスト、サロン、ファイナンシャルプランナーなど対個人でご商売をされているかた向けの集客マーケティングシステムです。
どのような方が、一体どのようにリザーブストックを活用されているか？こちらをごらんください。
https://resast.jp/service_provider_sessions/reserve_forms
まずは無料からご利用頂けますし、無料版のままでも十分ご利用いただけます。
もちろん登録費用等一切かかりません。(更なる集客/営業力を備えた有償版も別途ございます)
さあ今すぐリザーブストックを始めましょう！
https://resast.jp/signup/enter_signup/0c9be8d979d084efaae6d4348ba7a2b0?email_address=iwca003@yahoo.co.jp&name=Shirakawa Kaori
お客様の情報は弊社個人情報保護ポリシーに基づき、厳重に管理させていただきますのでご安心ください。
https://resast.jp/service_provider_sessions/provacy_policy
セットアップ後はこちらからログインしてください。
https://resast.jp/
```

招待メールが届いたら「さあ今すぐリザーブストックを始めましょう！」の下にあるリンクをクリックして、リザーブストックにアクセス、会員登録します。

リザーブストックに会員登録しよう

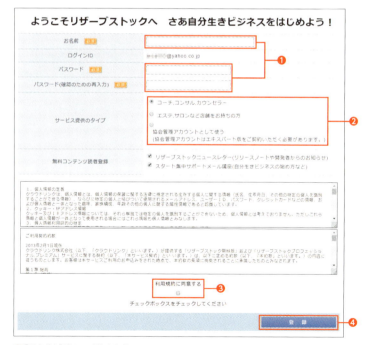

❶「お名前」「パスワード」を入力。
❷あなたが提供したいサービスのタイプを選びます。
❸利用規約に同意。
❹「登録」をクリック。

19

❺開いた画面で、「氏名」「ふりがな」を入力。
❻「どのような決意でこの仕事をされていますか」という質問に答えます。
　理念として表示されます。P.102、142、186にある「リザストユーザー145人の理念」を参考に!
❼「保存」→「次へ」をクリック。

❽メルマガのタイトルを入力（後から変更可能です。詳しくはSTEP3）。

⏰ リザーブストックへのログイン／ログアウト

❶「https://resast.jp/」にアクセスするか、又は、「リザーブストック」や「リザスト」で検索。
❷トップページを表示し、画面右上にP.19で登録した「ログインID ＝ メールアドレス」「パスワード」を入力してログイン。

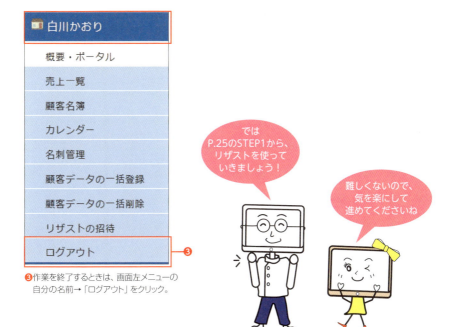

❸作業を終了するときは、画面左メニューの自分の名前→「ログアウト」をクリック。

21

Google Chrome(グーグルクローム)をインストールしよう

リザーブストック(リザスト)を快適に使うために、ブラウザは、Google Chrome(グーグルクローム)を推奨します。

ここでは、Windowsでのインストール方法を説明します。

◯ インストールしてログインしよう

❶「Chromeインストール」と検索し、「Chromeをダウンロード」をクリック。

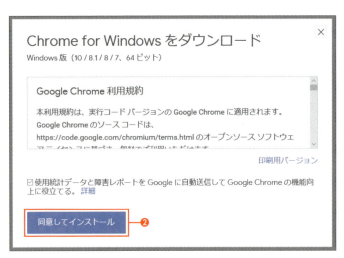

❷「同意してインストール」をクリック。

❸「実行」をクリックすると、インストールが始まります。

❹「ログイン」をクリック。
❺表示された画面で、Gmailのアドレスとパスワードを入力。

Chromeの初期設定を行おう

　「お気に入り」にリザストを登録しましょう。次回からお気に入りをクリックするだけで、簡単にログインできます。ここでは「ブックマークバーを表示する」設定にします。
　できあがりは以下のようになります。

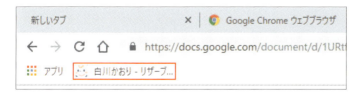

❶画面右上の「メニュー（3つの点）」をクリック。
❷「設定」をクリック。
❸「ホームボタンを表示する」をチェックし、リザストのURLを選択。
❹「ブックマークバーを表示する」をチェック。

❶リザストのポータル画面を表示。
❷「お気に入り」ボタンをクリック。
❸お気に入りバーにリザストが表示されました。

STEP1

あなたのリザストの顔になる!
基本の設定をしよう

1.1 完成画面はこうなる！

看板（ヘッダー）

ナビゲーションバー
各ボタンをクリックすると、それぞれの内容が表示されます。現在は「電子コンテンツ」が表示されています。

プロフィール写真
一番目立つ場所に、あなたを表すプロフィール写真が表示されます。専門家としてのあなたらしい写真を入れましょう。

名前

理念
理念はとても大切。どんな想いで起業家になったのでしょうか。あなたの思いを表現します。

専門分野
どのような分野のサービスを提供しているかを明確にします（SEO対策のキーワードにもなっています）。

プロフィールや実績
プロフィールや実績では、お客様から「あなたが必要です」と思ってもらえるための強みや、過去の実績を掲載します。メールの署名など、リザストを使ううえでの基本設定も、ここで行います。

◆**スマートフォンの表示**
順番や表示項目を、スマートフォン用に変更できます。約8割の人がスマートフォンから見ているので、読みやすくするのがポイント！

4つの基本設定をしよう

このSTEPでは、以下4つの基本設定をしていきます。ログインし、「全体設定」をクリックして設定をしましょう。

ここをクリックして項目を表示します。

STEP 1 あなたのリザストの顔になる！基本の設定をしよう

1.2 プロフィールを作ろう

「全体設定」→「プロフィール」をクリックします。設定時は、右下の「保存」ボタンをこまめに押しましょう。

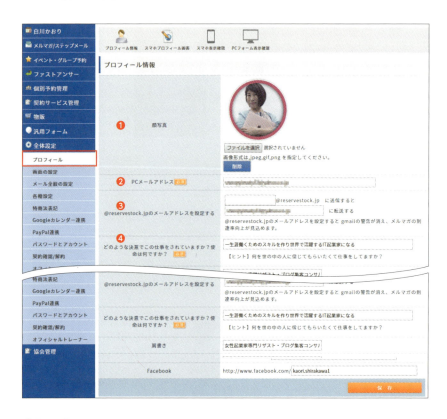

❶顔写真

専門家としてのあなたらしい写真を入れましょう。トップページのプロフィール欄やイベントページに掲載されます。

「ファイルを選択」クリックして、写真を選択します。

❷PCメールアドレス

ログインのメールアドレスが表示されています。お客様からの申込みの連絡などが入ります（この連絡用のメールアドレスは自由に変更が可能です）。

❸ @reservestock.jp のメールアドレスを設定する

@reservestock.jp のメールアドレスを設定すると、Gmail の警告が消え、メルマガの到達率向上が見込めます（GmailやYahoo!メールなどのフリーメールアドレスしかない人向けの機能です）。

❹ どのような決意でこの仕事をされていますか?

ここに記入した内容が、プロフィール欄に「理念、目的」として表示されます。
詳しくは、リザストユーザーの理念一覧（P.102、142、186）を参照してください。

◆現在の位置は「全体設定」→「プロフィール」。

❺ 肩書き

例）夢を叶える専門家、感情の専門家、○○代表

❻ 氏名・ふりがな

ビジネスネームでもOKです。

❼ 提供サービスのタイプ

選ぶ職種によって、左のメニュー表示が変わります。

◆「コーチ、コンサル、カウンセラー、セラピスト」の場合、「SESSION」が表示される。

◆「エステ、サロンなど店舗をお持ちの方」の場合、「MENU」が表示される。

◆協会管理アカウントの場合、「所属メンバー一覧」が表示される。

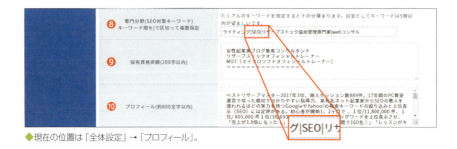

◆現在の位置は「全体設定」→「プロフィール」。

❽専門分野（SEO対策キーワード）

画面にある「｜」をコピーし、区切って入力しましょう。目安として5個以内。
例）メンタルコーチ｜スポーツメンタル｜セラピスト

❾保有資格実績

あなたが持っている資格や実績を200文字以内で入力します。
過去の実績で大きな結果をあげたものを、数字も入れて書くことも効果的です。

❿プロフィール

800字以内で書きます。あなたの専門家としての生い立ち、経験、思いなど、読んだ方が興味を持つよう工夫しましょう。ここで入力した内容は、イベント画面にも表示されます。

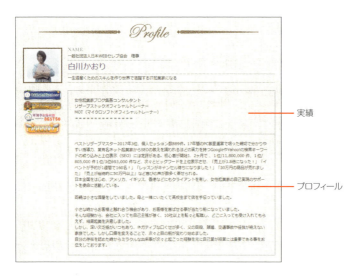

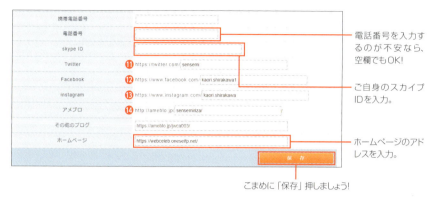

⓫ Twitter

ご自分の表示名をクリックするか、またはアカウント名を入力します。

⓬ Facebook

ご自分の顔写真をクリックし、表示されるアドレスを入力します。

⓭ Instagram

画面右上の人型アイコンをクリックするか、表示されるアドレスを入力します。

⓮ アメブロ

ご自身のブログのトップページからURLをコピーするか、アメブロのログインIDを入力します。

◆PC画面の右下に表示されます。　◆スマホ画面の右下に表示されます。

設定したら、それぞれをクリックして、自分のページが表示されるか確認しよう！

1.3 顔写真とテーマカラー、ヘッダーの設定をしよう

STEP 1 あなたのリザストの顔になる！基本の設定をしよう

「全体設定」→「画面の設定」をクリックします。設定時は、右下の「保存」ボタンをこまめに押しましょう。

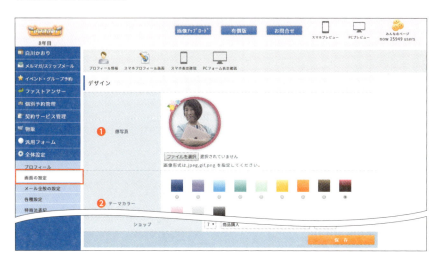

❶顔写真
あなたの顔写真を入れましょう。「ファイルを選択」クリックして、画像を選択します。プロフィールページからも変更可能です。

❷テーマカラー
あなたのテーマ色を設定します。色見本の下にあるラジオボタンをクリックするだけで変更できます。

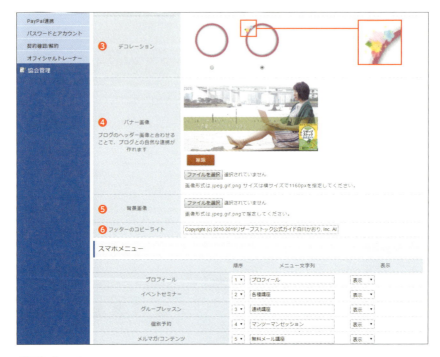

❸デコレーション
季節に合わせたデコレーションが表示されることも。

❹ヘッダー画像（バナー画像）横サイズ1160px（ピクセル）
ファイルを作成します。P.219で、ヘッダーの作成方法を詳しく説明します。

❺背景画像
背景部分に、画像素材を設定することもできます。「ファイルを選択」クリックして、画像を選択します。

❻フッターのコピーライト

あなたのリザストページの著作権を保護するための表示です。「2010-2018 Cloudlink,Inc.」となっています。デフォルトから、変更することができます。

❼スマホメニュー

スマホで表示したい項目名に変えられます。表示する順番も、自由に変更できます。
例）
「イベントセミナー」➡「各種講座」
「グループレッスン」➡「連続講座」

1.4 「署名」の設定をしよう

「全体設定」→「メール全般の設定」をクリックします。

❶あなたから送るメールの「表示名」を設定します。
❷メールの一番下に記載される部分のこと。自分のメールアドレスや電話番号、リザーブストックのURL、ブログ、facebookのアドレスを記載します。

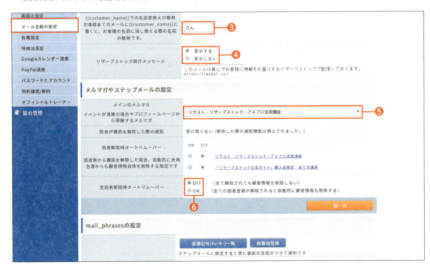

❸メールには、お客様の名前が自動挿入されます。そのお名前に付ける「さん、様」などの敬称を設定します。
❹「表示する」にすれば、メールの下部にリザストの案内が表示されます。
❺イベント画面に表示される「受け取る」ボタンをクリックすると、メルマガ登録画面が表示されます。

❻ONにすると、読者が解除したときに全データが消えてしまうので、OFFにしておくことができます。

36

1.5 領収書に表示する名前を設定しよう

「全体設定」→「各種設定」をクリックします。

❶印影はWEB上で作成できます。P.231で解説します。
❷受講者宛に届いた確認メールが開かれると、「メールを開封しました」というメッセージがあなた宛に届きます。はじめは「受け取る」に設定します。
❸前日の申し込みや、アクセス数などをまとめたメールが毎朝届きます。「受け取る」がおすすめ！
❹チェックを入れて、携帯メールアドレスを設定しておくと、お客様の申込み時に、そのメールアドレスにもメールが届きます。

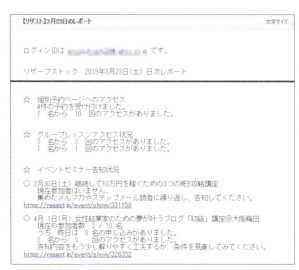

◆日次レポート

❺リザストの利用者一覧や、セミナー紹介ページへの表示。ログイン画面や、ランキングに表示されます。「表示する」がおすすめ。活躍している様子が表示されるので励みになります。

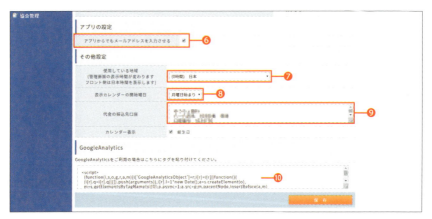

❻「リザストメーラー」アプリでの登録の時に、メールアドレスも入力してもらう設定です。
❼海外にいる時など、日本時間との時差表示をしてくれるので便利です。
❽リザスト内のカレンダー表示で、月曜日か日曜日、どちらからはじめるかを選べます。
❾振込先口座を入力します。
❿活用編で詳しく説明します。

❺リザストの利用者一覧やセミナー紹介ページへの表示

38

STEP2
講座を作ろう

2.1 単発講座と連続講座（グループ予約）とは？

　自分が大好きなこと、得意なことをテーマにした、講座、お茶会、イベント、セミナー、交流会を開催しましょう。

　※なお、リザストでは「イベント/セミナー」という表示になっていますが、本書では「講座」と記載しています。

○ 単発講座とは

毎回様々な企画、日程や場所が違う講座を作成します。

○ 連続講座（グループ予約）とは

　講座内容や場所が同じで「日程」が違う講座を作るときに使います。

　例えば「毎月開催の説明会」「第1月曜日と第3月曜日開催の定期勉強会」のようなものがあてはまります。

最近では、オンラインzoomでの開催も増えてきましたよ

2.2 講座ページの作り方

　ここでは、講座ページの作り方について説明します。「メルマガ」も「ブログ」も「講座ページ」も、全て流れがあります。お客様が知りたい順番で書くというのが鉄則です！この流れをマスターするだけで、申し込みが入りやすい講座ページになります。

できあがりのイメージ

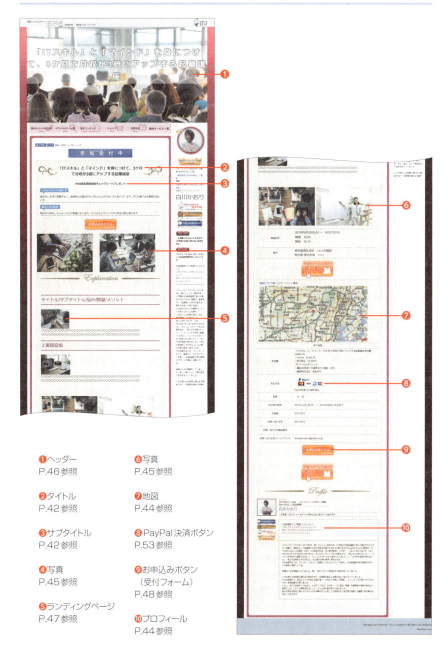

❶ ヘッダー
P.46 参照

❷ タイトル
P.42 参照

❸ サブタイトル
P.42 参照

❹ 写真
P.45 参照

❺ ランディングページ
P.47 参照

❻ 写真
P.45 参照

❼ 地図
P.44 参照

❽ PayPal 決済ボタン
P.53 参照

❾ お申込みボタン
（受付フォーム）
P.48 参照

❿ プロフィール
P.44 参照

STEP 2 講座を作ろう

2.3 タイトル、日程、お支払などを設定しよう

講座の内容を作ります。あとから変更できるので安心。

❶「イベント・グループ予約」→「イベント/セミナー」をクリック。
❷「新規イベント作成」クリック。

イベントの作成画面が表示されます。それぞれの設定項目について、説明します。

❶魅力的なキャッチコピー、効果がわかるイベント名にしましょう。
　例）「ITスキル」と「マインド」で3ケ月で月収が3倍にアップする起業講座
❷イベント名には書ききれない、魅力的な言葉を付け加えます。
　例）WEB集客導線実践チェックシートプレゼント
❸ターゲットの悩み、不安、不便、願望を書きます。
　例）毎日忙しすぎて時間がない、継続的な仕組みがなく売上があがらないと悩んでいる方

❹参加すると、どのようなメリット・効果があるかを明確にします。
　例）ITスキルとマインドの大切さが腑に落ちます。
❺キャンセル待ちを受け付けるかどうか選べます。

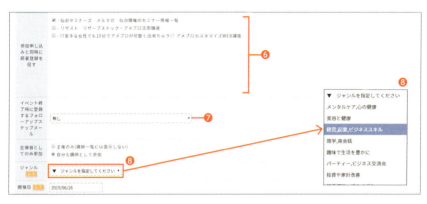

❻イベントの参加者にメルマガ登録を促すことができます。また、イベントに合わせたメルマガやステップメールを設定できます。
❼フォローのためのステップメールを設定できます。
❽ジャンルを選択することができます。

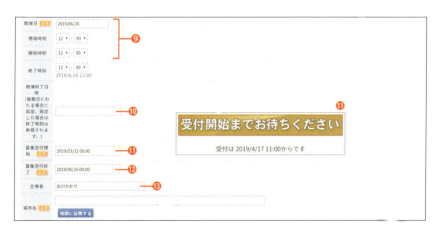

❾イベントの各時刻を入力します。変更も可能です。
❿複数日にわたる開催も可能です。上の画面の白い枠内をクリックするとカレンダーが表示されます。終了日を選びます。
⓫イベントの募集を開始する日を設定します。開始前なら表示されます。
⓬イベント募集の終了日を設定します。
⓭主催者の名前を記入します。

⑭「場所名」または「住所」を入力し、「地図に反映する」ラジオボタンをクリックすると、地図が表示されます。
⑮会場のURLがある場合は記入しましょう。

▼「参加費」と「支払方法」について

入力項目	内容	記入例
参加費	講座の参加費を記入します。参加費は、事前振込みやクレジット決済にして、前金でいただくようにすると、当日のドタキャンを防げます。当日払いと前払いの金額に500～1,000円程度の差を設けて、前払いのメリットが伝わるようにするのも効果的です。PayPalと連携していれば、お客様はクレジットカード決済ができて便利です。キャンセルポリシーも入れることがおすすめです。	例) PayPal 29,800円 ・銀行振込 29,800円 【キャンセルポリシー】 ・講座2日前までの連絡された場合：50% ・講座前日／当日：返金不可
支払方法	「現金払い」「銀行振込み」「PayPalでのクレジットカード払い」の3種類があります。振込みの場合、手数料の有無がありますから、銀行名も記入することをおすすめします（口座番号などは、参加者だけに送るようにするのがオススメです）。	PayPal決済 又は銀行振込（○○銀行）

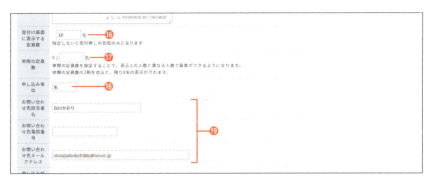

⑯ 講座の「定員数」を半角で記入します。設定しないと、告知のみとなって受付できません。
⑰ 「受付画面に表示する定員数」と、「実際の定員数」を別々に指定できます。まだ集客に自信がなければ、実際に募集する人数はやや少なめに設定することも可能です。
⑱ 「名」「人」「団体」「家族」など任意設定することが出来ます。
⑲ お客様からの問い合わせ先として、「担当者名」「電話番号」「メールアドレス」を記入します。

イベントの紹介文に写真をのせよう

　ランディングページ上下各2枚、講座の雰囲気がわかる写真を入れられます。1枚目の写真は、SNSで告知したときに表示される写真です。

◆設定画面　　　　　　　　　　　　　　　　◆できあがりのイメージ

45

2.4 講座ヘッダー案内文を作ろう

お客様がはじめて見る大事なページを作ります。

❶ページのヘッダーに表示する画像
28種類の画像から選ぶことで、ヘッダーの画像として表示されます。

❷選択された画像
❶で選んだ画像にタイトルが乗った表示を確認できます。

❸画像のURL
自分で作成した画像に変更することも可能です。オリジナル画像の作り方はP.218参照。

❹保存
こまめに「保存」をクリックしましょう!

46

❺講座案内文（ランディングページ）

見出しや写真を入れることで、伝わりやすい案内文になります。

◆リザストイベントの画面構成　　◆ランディングページの流れ

❻申し込み確認後ブラウザに表示されるメッセージ

お礼のメッセージや次に表示するページのURL、支払についてなどを記載します。

> **例文**
>
> お申込みありがとうございました。
> クレジットPayPal決済の方は、このまま決済ページで完了下さい。
> 銀行振込の場合は、お申し込み後3日以内に、指定の口座（お申込みメールアドレスに連絡）にお支払い下さい。

2.5 受付フォームを作ろう

必須は、そのままにしておきましょう。

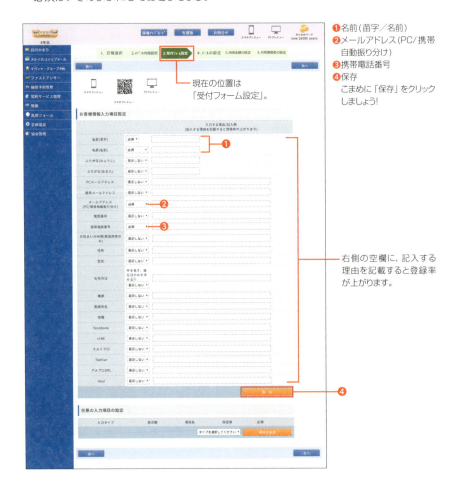

現在の位置は「受付フォーム設定」。

❶名前(苗字／名前)
❷メールアドレス(PC/携帯自動振り分け)
❸携帯電話番号
❹保存
　こまめに「保存」をクリックしましょう!

右側の空欄に、記入する理由を記載すると登録率が上がります。

任意の入力項目の設定

　上記以外の項目で、フォームに表示したいものを任意で設定できます。詳しくは、P.167で解説します。

現在の位置は「イベント内容設定」。

必要のない入力項目
「必須」のもの以外は
非表示にできます

2.6 お客様へ送る4つのメールを設定しよう

お客様が自分のアドレスを間違って入力することを防ぐために、リザストでは、お客様に確認メールを送り、メール内の「申し込み完了リンク」をクリックしていただくようにしています。

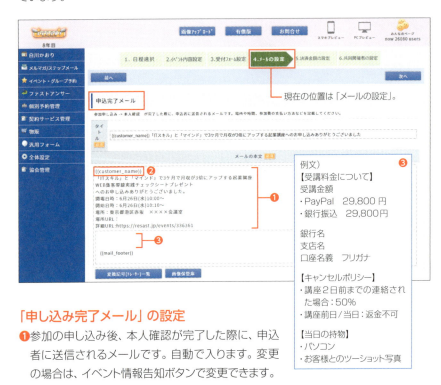

現在の位置は「メールの設定」。

「申し込み完了メール」の設定

❶ 参加の申し込み後、本人確認が完了した際に、申込者に送信されるメールです。自動で入ります。変更の場合は、イベント情報告知ボタンで変更できます。

❷ ((customer_name))には、お客様が申し込んだときの名前が自動で入ります。

❸ ((mail_footer))の上部に記入します。例文のような、場所や時間、参加費の支払い方法などを記載します。

「開催前確認メール」の設定

設定した送信時期になると、申込者に自動的に送信されます。お客様の申込み忘れを防ぐのに便利です。

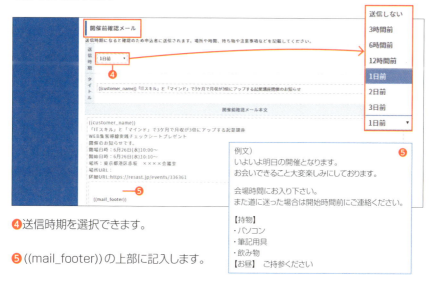

❹送信時期を選択できます。

❺((mail_footer))の上部に記入します。

「開催後のお礼メール」の設定

2つの設定方法があります。
1：自分にリマインダーを送り、手動でお客様にメッセージを送る方法
2：あらかじめ設定したメールをお客様に自動送信する方法

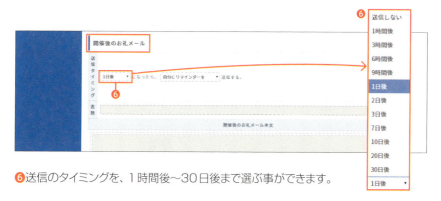

❻送信のタイミングを、1時間後〜30日後まで選ぶ事ができます。

「PayPal入金確認メール」の設定

PayPalで入金の場合、「送信する」を選ぶと、自動で入金確認と領収証をメールで送ることができます。

ここまで設定したら、「次へ」をクリック

❼「送信しない/送信する」を選べます。「送信する」を選ぶと、PayPalで入金が確認されると自動で領収証がお客様に送信され、とても便利です。

❽こまめに「保存」をクリックしましょう!

講座を企画・開催して、たくさんの人にあなたのことを知ってもらいましょう

52

2.7 決済金額を設定しよう

PayPalと連動すると、申込時にクレジットカード決済ができるようになります。

○PayPalを設定してない場合

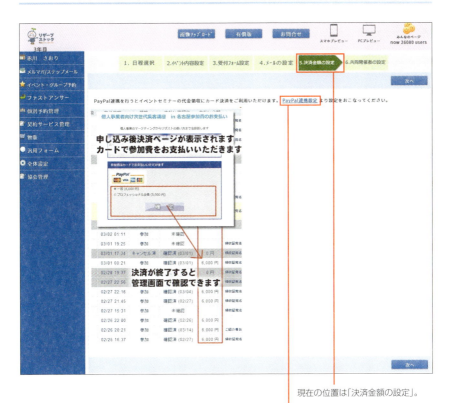

現在の位置は「決済金額の設定」。

「PayPal連携設定」をクリックして設定する。
P.157で詳しく解説。

⭘PayPalを設定してある場合

PayPalの連携設定が終わっている場合は、金額一覧が表示されます。

ここまで設定したら、「次へ」をクリック

❶項目名
イベントのタイトルがそのまま表示されます。変更も可能です。

❷金額
講座の受講料を入力します (カンマは不要)。

❸支払通貨
日本円以外も選択できます。

❹保存
こまめに「保存」をクリックしましょう!

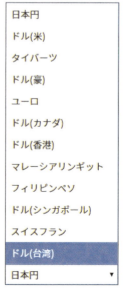

◆支払通貨

2.8 ほかの人とコラボをするとき

　リザストを使っている人と共同で講座やイベントを開催することを「共同開催」といいます。

　「後援者要請」とは講座の推薦状などをお願いし、講座を応援してもらうことです。

❶共同開催する方

　「名前」欄に申請したい方の名前を入力して「検索」します。該当者一覧が表示されるので、「メール送信」をクリック。（リザストを使っている人が対象）

　突然申請を送らず、事前にご連絡しましょう！

❷登録がない場合

　共同開催者がリザストを利用されていない場合、招待をすることができます。お名前、メールアドレスと、メッセージを入力、「招待」をクリック。

2.9 実際の画面を確認しよう

お疲れ様でした!これで講座が完成です。画面で確認してみましょう。

◆設定完了後に表示される画面。

他の各メニューについては、
次ページで詳しく説明します。

PCまたはスマホでプレビューで確認

クリックすると、実際の画面が表示されます。

2.10 イベントを公開しよう

「準備中(非公開)」を「参加受付中(公開)」または「限定公開」にします。
限定公開は、会員や特別な仲間だけに公開することができます。

上部の各ボタンについて

作成したイベントに修正、変更をするときは、このメニューから行います。また、画面の見た目や申し込み状況、フォームへのアクセス状況などの確認もできます。

❶イベント情報/告知	イベント詳細ページのタイトル、日程、住所などを変更できます。
❷ランディングページの編集	イベント情報が変更できます。
❸共同開催（コラボ/後援者）	共同開催者を追加・削除・確認ができます。
❹入力項目の設定	フォームの設定を行います。
❺確認メールの編集	申込完了メールや開催前、開催後のお礼メールなどを変更できます。
❻PCプレビュー	パソコンでの表示を確認できます。
❼スマホプレビュー	スマホからの表示を確認できます。
❽アクセス解析	フォームへのアクセス状況を確認できます。
❾フォームへの足跡	アクセスした人の名前や電話番号、アクセス日時、回数、これまでのイベント参加数、などがわかります。ここからリザーブメールを送ることができます。（有償版のみ）
❿申込者/支払い状況一覧	申込者についてや、支払い状況が一覧表示されます。入金処理や領収書発行もできます。
⓫キャンセル待ち	キャンセル待ちの人数や詳細がわかります。
⓬一括入金確認処理	入金が確認できない申込者を確認できます。未入金者への催促メールも送れます。
⓭参加者の追加	参加者を手動で追加できます。参加者自身が、参加したいが申し込みができない場合などに、代理で申込みできます。追加と同時に、申込完了のメールを送信できます。
⓮参加者にメールする	参加者全員に一斉メールを送ることができます。
⓯複製して作成	同じ内容のイベントをコピーできます。別のイベントを作成する際、コピーして編集すれば、一から作らなくてもよく、手間がかかりません。
⓰PayPal決済金額	PayPalでの決済金額等を変更することができます。（P.157も参照）
⓱イベントの削除	作成したイベントを削除することができます。ただし、一旦削除すると元に戻せませんので、慎重に行ってください！

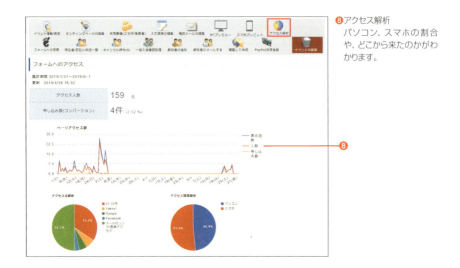

❽アクセス解析
パソコン、スマホの割合や、どこから来たのかがわかります。

❾フォームへの足跡
アクセス日時 / 回数、名前がわかり、メールを送ることができます。

❿申込者 / 支払状況一覧
入金処理ができます。
詳しくはP.213。

2.11 連続講座（グループ予約）を作ろう

同じ内容の講座を複数回開催するときに便利です。
手順は講座ページの作り方と同じですが「開催日」を最後に設定します。（P.40参照）

できあがりのイメージ

連続講座
イベント一覧ページの上部に表示され、「開催日」「詳細はこちら」が表示されます。

単発講座

連続講座の作り方

◆「イベント・グループ予約」→「グループ予約」→「新規作成」をクリック。

❶ **グループレッスン内容の設定**　タイトル・参加費などの設定をします
❷ **案内文の設定**　ヘッダー・ランディングページなどの設定をします
❸ **受付フォームの設定**　お申し込みフォーム（お客様のお名前・メールアドレス）の設定をします
❹ **メールの設定**　お申し込み完了メール・開催確認メールなどの設定をします
❺ **決済金額の設定**　PayPal決済金額の追加の設定をします

❻受付開催日時の設定

カレンダーが開くので、講座を開催する日付の「追加」をクリック。

開催日時を設定し「追加」をクリック。
（他の日程も追加できます）

❼グループレッスン概要ページに戻り、公開します

「準備中/非公開」を「公開」にし告知しましょう。

⏱ 日程の追加・開催時間変更・日程の削除方法

❶「開催回一覧/編集」をクリック。
❷開催回の追加ができます。
❸日時の変更・削除ができます。

❹クリックすると、開催回が削除されます。
❺「申し込み状況の一覧」で申込者一覧が確認できます。
❻参加者の追加ができます。名前からの検索と、新規登録する方法があります。
❼参加者全員に一斉メールを送ることができます。

⏱ 連続講座を編集しよう

作成した連続講座は、いつでも編集することができます。

❶講座名の変更、準備中（非公開）・公開などの設定ができます。
❷ヘッダー・告知文の編集・申し込み確認後ブラウザに表示されるメッセージが変更できます。
❸カレンダーが表示され、日程の追加ができます。
❹「申込完了メール」・「開催前確認メール」・「開催後のお礼メール」・「PayPal入金確認後メール」の編集ができます。
❺受付フォームの設定（お名前・メールアドレスなど）の編集ができます。
❻ PayPal決済金額の変更ができます。
❼講座内容がコピーされ、同じ内容の連続講座を作ることができます。

超事例!!やってみよう

💍「名刺交換から有料コースへの申込につながりました」

【原子やすふみ】さん
セッション型ビジネスコンサルタント、コーチ
リザスト使用歴 8年目

　ステップメールの書き方やリザストの活用方法などをまとめたステップメールを配信しています。

　読者登録はブログと直接の出会いからがメイン。
　特に名刺交換などの際には、しっかりとステップメールを読んでいただくことの良さを伝えています。

　例えば名刺交換の際などに相手の話を聞き、このように話します。

「売れる文章のテンプレートを必要な方に無料でプレゼントしています。ウェブを使った集客や、高額な商品を売り込まずに売れる考え方を学んでいただける内容ですが読んでみますか?」

　読むことのメリットを相手に合わせて伝えることで、読んでみたいと感じていただく工夫をしています。

　今は情報が溢れていて、たとえ無料で新しい情報を受け取っても「いつか読もう」と後回しにされてしまいがちなので、メールが届いた際に「開封しよう」と思う優先度を高めることを意識しています。
　ステップメールを読んでみたいと言っていただいた方には、こちらの方で読者登録をして配信させていただくことが多いです。
　ステップメールの最後に無料の個別説明会の案内をお送りして、有料のお申し込みに繋がるという流れになっています。

　誰にでも送るのではなく、「この人にはお役に立てそうだ」という人だけに気持ちを込めて案内することで、直接の出会いから読者登録した約3割の方が有料の申し込みへと繋がっています。

STEP3

あなたのファンがどんどん増える！
メルマガを設定しよう！

3.1 リザストメルマガの特徴とは？

　自分らしいビジネスを発展させていくための第一歩は、メールマガジンを配信することです！

　あなたが理想とする見込み客にあなたの存在を知ってもらい、あなたのサービスを受けたいと思ってもらうこと。そのためのツールが、メルマガです。

　起業家として売上を上げていくには、市場であなただけのポジションを取ること、コアなファンを作ることが必要になってきます。

　リザーブストックを使うと、メルマガ・ステップメール・ファストアンサーから、個別セッションやイベントの申し込みにつながる導線も簡単に作れます。

　STEP3では、メルマガの設定方法を理解し、あなたらしさが伝わるメルマガ発信の方法をお伝えします。

3.2 誰のどんな悩みを解消したいのか、ゴールを設定しよう

次の7つの質問に答えて、誰にどのような内容を届けるのか、お客様像を明確にしましょう！ここでは「一生懸命がんばっているのにお客さんが増えない」と悩んでいるAさんを例にしてみます。

お客様のどんな不安/不満が解消できる？	マーケティングの本を読み、講座に参加しているのに売り上げが伸びない
お客様のどんな安心/満足が得られる？	具体例がわかり、すぐに行動できる
何のためにメルマガを発信する？	新商品の告知、フォロー、ファンの育成、リピーター対策
どんなお客様に喜んで欲しい？	まず、目の前の一人のお客様を満足させたい
あなたが伝えるスキルはどんなスキル？	ITスキルとビジネスの本質
あなたの一番の伝える情報は？	具体的な事例
読者がメルマガを読んだ後にして欲しい行動は？	体験講座やバックエンド講座への申し込みにつなげたい

STEP 3 あなたのファンがどんどん増える！メルマガを設定しよう！

3.3 テンプレートを使って、タイトルを考えよう

メルマガタイトルはとても重要です。読者に、その先の文章を読んでいただくためのものだからです。どんなタイトルにするかによって、登録率や開封率が大きく変わります。タイトルが良くなければ、いくら内容がよくても読んでもらえません。

ここでは、実際に開封率が高かったタイトルを、2つご紹介します。テンプレートにしているので、○○○にあなたのサービスに関する言葉を入れるだけで集客できるタイトルになりますよ。

❶ 2つの価値を表現した強力キャッチコピー

○○○を手に入れて○○○になる方法

【サンプル】
・輝く笑顔を手に入れて婚活に成功する方法
・サクサクとブログを書いてザクザクと客を集める大原則とは？

❷ 誰もが知りたがる「秘密」「方法」をアピールしたキャッチコピー

○○○を○○○にする7つの秘密

【サンプル】
・1日たった3分で美しい脚を作る3つの秘密
・10歳肌を若返らせる5つの秘密

column
無料テンプレートプレゼント

ここで紹介したテンプレートは日本WEBセレブ協会「30の基本テンプレート」に掲載しています。QRコードからダウンロードしてください。

3.4 できあがりのイメージ

まずはメルマガ登録の受付画面の構成を見てみましょう。

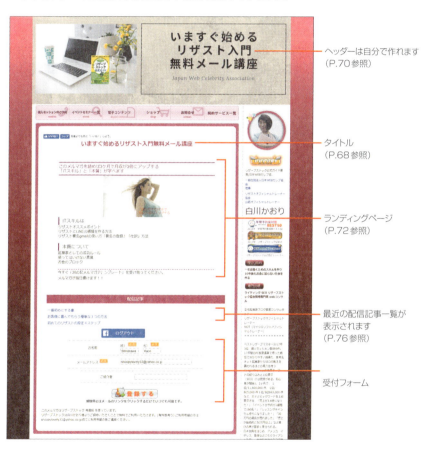

- ヘッダーは自分で作れます（P.70参照）
- タイトル（P.68参照）
- ランディングページ（P.72参照）
- 最近の配信記事一覧が表示されます（P.76参照）
- 受付フォーム

STEP 3 あなたのファンがどんどん増える！メルマガを設定しよう！

3.5 「〇〇（あなたの名前）公式メルマガ」タイトルを変更しよう

あなたらしいメルマガタイトルに変更してみよう

　リザストのアカウント設定が終わると、自動で「〇〇（あなたの名前）公式メルマガ」というタイトルでメルマガができあがります。
　ここでは、タイトルの変更のしかたを説明します。タイトルを変更する箇所は、全部で5箇所あります。

❶「メルマガステップメール」→「〇〇（あなたの名前）公式メルマガ」をクリック。
❷「メルマガの設定」をクリック。
❸「メルマガ/シナリオ名」のタイトルを変更。

❹「ランディングページの編集」をクリック。
❺「読者登録受付完了時のメッセージ」のタイトルを変更。

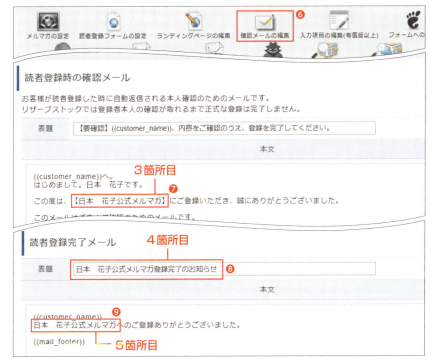

❻「確認メールの編集」をクリック。
❼「読者登録時の確認メール」本文にあるタイトルを変更。
❽❾「読者登録完了メール」の「表題」「本文」にあるタイトルを変更。

3.6 魅力的なランディングページを作ろう

ランディングページ（申込み受付ページ）の設定をしよう

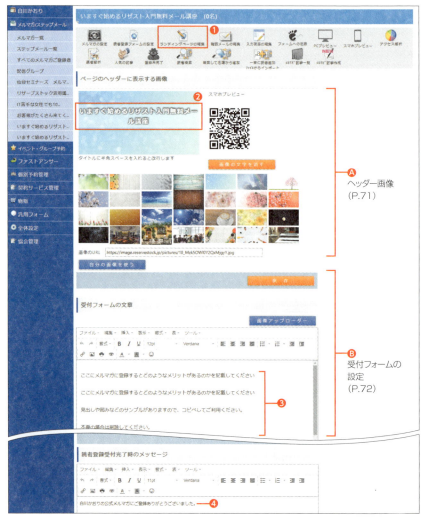

❶「ランディングページの編集」をクリック。
❷ヘッダーに、3-5で変更したタイトルが表示されています。オリジナルヘッダーの変更方法はP.218参照。
❸受付フォームの文章を設定します。詳しくはP.72参照。
❹読者登録受付完了時のメッセージです。ひな形の文章が入っています。

Ⓐヘッダーを別の画像に変更しよう

　前ページのⒶの画像をご覧ください。ヘッダーの画像を変更する方法は2通りあります。ひとつは、リザーブストックにあらかじめ用意された画像の中から選ぶ方法です。
　もうひとつは、自分で作成したオリジナル画像を入れる方法です。オリジナルのヘッダーの作り方については、P.219からで詳しく説明しています。

あらかじめ用意された画像から選ぶ

❶任意の画像をクリック。
❷ヘッダーが変更されます。
❸「保存」をクリック。

オリジナル画像を使う

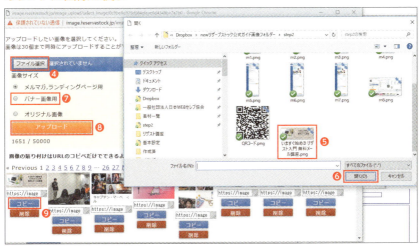

❹「ファイル選択」をクリック。
❺画像ファイルの一覧からオリジナルの画像を選択。
❻「開く」をクリック。
❼「バナー画像用」をクリックして選択。
❽「アップロード」をクリック。
❾選択したオリジナル画像の「コピー」をクリック。

❿元の画面で「画像のURL」にコピーした画像のソースを貼り付けます。
⓫「保存」をクリック。
⓬画像が変更されました。

❻「受付フォームの文章」を設定しよう

　P.70の❻の画像をご覧ください。メルマガランディングページの設定をします。「受付フォーム」の文章の部分に入力します。
　あなたのスキルやあなたのお客様が一番知りたい情報、あなたのとっておきなレア情報について書きましょう。次ページのような情報を入れるのがポイントです。

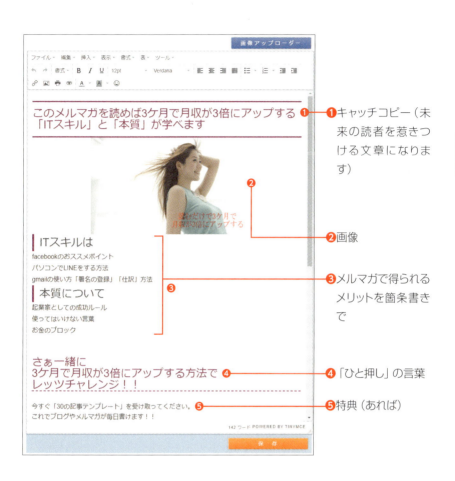

① キャッチコピー（未来の読者を惹きつける文章になります）

② 画像

③ メルマガで得られるメリットを箇条書きで

④ 「ひと押し」の言葉

⑤ 特典（あれば）

STEP 3 あなたのファンがどんどん増える！メルマガを設定しよう！

できあがりを確認しよう

「PCプレビュー」「スマホプレビュー」をクリック。

3.7 完成したらブログやFacebookで告知しよう

ブログで告知する方法（アメブロでの告知方法）

アメブロで告知するには、リザストの「読者登録フォームの設定」から、下の図の❷の文章（ソース）をコピーして、アメブロの「記事を書く」ページに貼り付けます。

❶「読者登録フォームの設定」をクリック。
❷「ブログでの告知」に表示されている文章（ソース）をコピー。

●アメブロ画面

❸「ブログを書く」をクリックして記事を書くページを表示します。
❹「HTML表示」をクリックして切り替えます。
❺コピーした前ページ❷の文章を、ここに貼り付けます。

❻「通常表示」をクリックして切り替えます。
❼リンクが表示されています。

Facebookで告知しよう

前ページの❽の画面です。リザストの「読者登録ページ」で「URLをコピー」をクリックし、Facebookのウォールで告知します。

❽「読者登録ページURL」の「URLをコピー」をクリック。

● Facebook画面

❾読者登録ページのURLを貼り付けます。

 ## 3.8 メルマガを配信してみよう

読者が集まったらメルマガを配信します。

読者を集めるには、ホームページ、ブログ、Facebook他でメルマガを告知して登録してもらいましょう。

あなたらしさを表現した記事や、専門性の高い記事は、読んでもらいやすいのでおすすめです。

あなたに興味がある読者が、あなたの発信を待っています。

メルマガ記事作成画面を表示しよう

「メルマガ記事作成」をクリック。

メルマガを送信する3つの方法

リザストでメルマガを送信するには、以下の3つの方法があります。ここでは、❸の「HTMLメールと文字メール両方に送る方法」をご紹介します。

❶「HTMLメールで送る」・・・写真や文字の装飾ができ、開封率がわかる
❷「文字メールで送る」・・・携帯に配信できる
❸「HTMLメール」と「文字メール」両方に送る ← おすすめ!

メルマガ記事新規作成	HTML/文字メール	文字メール
メール本文	画像を表示,文字色や大きさの指定が可能	文字のみ
メール開封チェック	メールを開くと検出	できません 本文内のリンククリックで検出
	パソコンメール(Gmail,Yahooメールなど)に配信 「文字メール」も書けば携帯にも配信	パソコン 携帯(ドコモ,AU,ソフトバンク)両方に配信
	HTML/文字メールを書く	文字メールを書く

「メルマガ記事新規作成」の「HTML/文字メールを書く」をクリック。

見出し、囲み枠の色を選ぼう

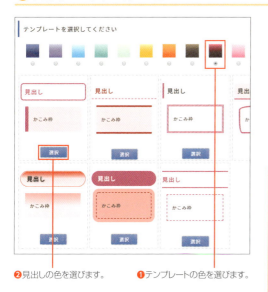

❷見出しの色を選びます。　❶テンプレートの色を選びます。

column
テンプレートの色を変えたくなったら?

後から変更することはできません。それでも変更したいときは、「メルマガ記事作成」ボタンで選び直しましょう。

メルマガ記事を作成しよう

「HTML/文字メールを書く」をクリックすると、メール本文にヘッダー、プロフィール画像、見出し枠が表示されます。

流れは、タイトルを入れる→「HTMLメール」本文を書く→「文字メール」に貼り付ける→「テスト配信」→「今すぐ配信」の順序で作成します。

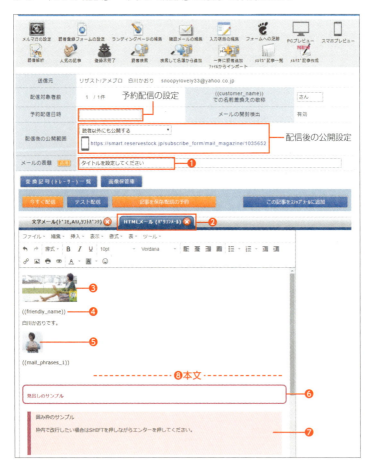

❶「タイトル」を入力します。
❷「HTMLメール」が表示されていることを確認します。
❸ヘッダーが表示されます。(ヘッダーの設定がない場合は非表示となります)
❹読者登録された際の名前が変換されます。(例:かおりさん)
❺プロフィール写真が表示されます。(設定がない場合は非表示)
❻❼見出し、囲み線が表示されています。見出しを使った入力方法は、活用編(P.207)で説明します。
❽メルマガ本文を書きます。

STEP2で作成した講座は、「イベントのご案内」として❷に表示されます。

❶((mail_phrases_1))は、案内文章などが置きかわります。設定場所は「全体設定」→「メール全般の設定」→((mail_phrases_1))です。
❷イベントを公開にすると、最新のイベントが表示されます。過去のイベントは自動的に非表示になるため、いつでも最新情報が表示され、とても便利です。
❸バックナンバーへのリンクが自動表示されます。
❹配信停止を希望する人向けの説明です。リンクを削除すると配信できません。
❺アプリを登録してもらいましょう。文字化けがありません。
❻((mail_footer))には、メールフッター（署名）で設定した文言が入ります。設定場所は、「全体設定」→「メール全般の設定」→「メールフッター（署名）」です。

本文をテキストメールに貼り付けよう

メルマガ本文を書き、すべて設定したら「保存」をします。
次に、HTMLメールで書いたメール本文をコピーし、文字メールに貼り付けましょう。

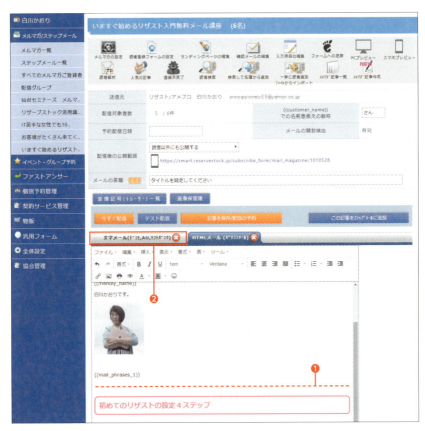

❶本文をコピー。
❷「文字メール（ドコモ、AU、ソフトバンク）」タブをクリック。

❹本文を貼り付けると、装飾や写真、ハイパーリンクなどが一切なくなります。
❺右上にある「保存」をクリック。

💍 テストメールを送ろう

読者に配信する前に、自分宛にテストメールを送りましょう。

❶「テスト配信」をクリック。
❷あなたのメールにテストメールが配信されます。テストメールを確認しましょう。
❸「OK」をクリック。

読者に送ってみよう

「HTMLメール」をクリックして、「今すぐ配信」を押すと、読者にメルマガを配信することができます。

同様に「文字メール」も今すぐ配信しましょう。

「今すぐ配信」をクリック。

column
届くメールの形式
読者がHTMLメール形式で登録した場合はHTML形式のメールが届きます。また、文字メールの登録は文字メールで届きます。

予約配信をしよう

メルマガを、指定の時間に予約配信することも可能です。

配信後の状況を確認しよう

画面右側メニューの「概要・ポータル」をクリックすると、配信した記事の開封状況がわかります。

数字をクリックすると、さらに詳しい開封者数、開封回数が表示されます。

誰がいつ、どのイベントをクリックしたかがわかるので、読者が興味を持っている講座を作ることもできます。マーケティングのリサーチにもなるので、メルマガを配信後、状況を確認しましょう。

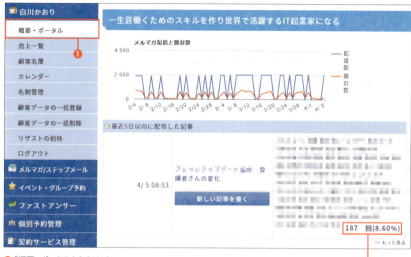

❶「概要・ポータル」をクリック。
❷開封率をチェック。

日時	氏名		状況
4/ 5 09:55		○	メール開封
4/ 5 09:55			メール開封
4/ 5 09:53			「ITスキル」と「マインド」で3ケ月で月収が3倍にアップする起業講座をクリック
4/ 5 09:53			メール開封
4/ 5 09:53			メール開封
4/ 5 09:52		○	メール開封
4/ 5 09:51			メール開封
4/ 5 09:48			メール開封
4/ 5 09:48			女性起業家のための夢が叶うブログ「中級」講座をクリック
4/ 5 09:47			メール開封
4/ 5 09:47			メール開封

STEP 3 あなたのファンがどんどん増える！メルマガを設定しよう！

3.9 メルマガ設定ボタンの役割

画面上部にある、各種ボタンで確認、設定できる項目を説明します。

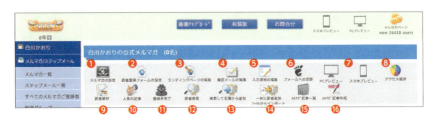

❶ メルマガの設定
・メルマガ/シナリオ名の変更
・テンプレートの設定
・mail_phrasesの設定

❷ 読者登録フォームの設定
・公開/非公開/限定公開
・読者登録ページURL
・QRコード
・ブログでの告知をする
・ブログパーツ
・一覧に表示されるサムネイル
・ユーザーから購読を解除された場合に名簿から削除しない/する
・受付フォームの読者数表示
・読者登録が完了した際に転送するURL
・読者登録が完了した際の効果測定用埋め込みコード
・全記事の完全削除

❸ ランディングページの編集
・ページのヘッダーに表示する画像
・自分の画像を使う
・受付フォームの文章（LPを作成）
・読者登録受付完了時のメッセージ

❹ 確認メールの編集
・読者登録時の確認メール
・読者登録完了メール

❺ 入力項目の編集
・お客様情報入力項目設定（アンケートが設定できます）

❻ フォームへの足跡
・アクセスされた日時と回数、名前の表示

❼ PCプレビュー/スマホプレビュー
・パソコン/スマホから見た表示

❽ アクセス解析
・最近3ケ月のアクセス人数
・読者登録数（コンバージョン）
・ページのアクセス数

- アクセス元解析（アメブロ、yahoo!、Google、Facebook、メールのリンク）

❾読者解析
- メールの配信と開封数の1日ごとの集計
- 読者登録者数1日ごとの集計
- 集計期間内の新規登録者数
- 解除率
- 登録に至った参照元（アメブロ、リザスト、スマホリザスト、Facebook、その他）

❿人気の記事
人気のメルマガ記事が一覧で表示されます（配信数、開封回数、開封人数、開封率、いいね、記事名）。

⓫登録未完了
登録未完了読者一覧

⓬読者検索
- 読者一覧（表示順を変えたり、読者検索ができます）
- 名前、紹介者、解除、HTML受信、アプリ、足跡（トレーサークリック）登録日、登録状態

⓭検索して名簿から追加
ご自分のリザストの全体の顧客名簿から追加することができます。
（お住まいのエリア地域選択/名前/個別セッション回数/参加イベント名/イベント開催場所/購入商品名/汎用フォーム名/グループレッスン/契約サービス/ファストアンサー/メルマガ/ステップメール/最後のアクセスから〇年音沙汰がない人で検索が可能

⓮一斉に読者追加/ファイルからインポート
CSVファイルから読者を一括登録します。リザスト以外のメール配信システムから追加が可能。リザストに入っているテンプレートを取得したら、簡単に一括登録ができます。（活用編P.236を参照）

⓯メルマガ記事一覧
記事の一覧が表示されます。
（配信形式/状態（編集中・配信済）/配信日時/配信数/開封（クリック）回数/公開範囲/記事の削除）

⓰メルマガ記事作成
- メルマガ記事新規作成
  HTML/文字メール（画像を表示、文字色や大きさの指定が可能）
- メールを開くと検出
  HTMLメールのみ（文字メールは開封チェック機能がありません）。

3.10 特定商取引法に基づく表記

特定商取引法とは、通信販売で消費者を保護するために定められた法律です。お互いに公正なお取引ができるように努めましょう。

トップページにある、ホームページなどのアイコンの下に表示される。

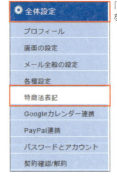

「全体設定」→「特商法表記」をクリック。

代金の支払い方法	代金の支払い方法をすべて表示することが必要です。【例】販売ページ（イベントページ）の記載に従う（銀行振込、PayPal決済、現金）。その他コース受講等、契約書記載の規定に従う。
代金の支払い時期	代金の支払い時期とは、消費者が商品等を購入する場合に、代金を支払う時期をいいます。【例】オープンセミナー等 販売ページ（イベントページ）に特段記載がない場合、申込み日より7営業日以内。その他コース受講等、契約書記載の規定に従う
返品に関わる条件（キャンセルポリシー）	予約をキャンセルした際に補償として発生する料金です。【例】オープンセミナー等 販売ページ（イベントページ）に特段記載がない場合、受講前日までのキャンセル連絡により全額返金。 受講日当日のキャンセルの場合は返金なし。 その他コース受講等、契約書記載の解約規定に従う。
事業者名商（氏名）	○○○○
事業責任者	○○○○
住所/電話番号/メールアドレス	・住所：東京都○○区○○-○○-○○ ・電話番号：00-0000-0000 ・メールアドレス：abc@12345abc.jp
営業時間/問合せ受付時間/休業日など	【例】 問い合わせ 事務局受付時間：平日10時〜15時
不良品・破損時の対応	データが壊れている等、商品に欠陥がある場合は交換させていただきます。情報という商品特性上、基本的には返品・返金はお受けしませんが、販売ページに返金保証等が付く場合はそちらを優先します。

※参考文献 消費者庁 http://www.no-trouble.go.jp/what/mailorder/

STEP4

理想のお客様を引き寄せる!
ステップメールを設定しよう

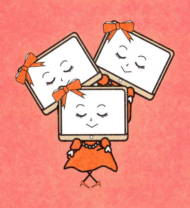

4.1 ステップメールとは？

　ステップメールとは、興味を持ってくれた方に継続的に情報を提供できるメルマガのことです。登録した方に１日１回、全部で５日間メルマガが送られるなど、決めた配信間隔で、順番に配信設定をすることができます。

　メール講座としてシナリオを作ることで、１通目から順番に配信することができ、最終回まで配信が終われば、また別のシナリオのメール講座として送ることも可能ですし、365通を登録しておくことで、１年間毎日欠かすことなくメールを配信することもできます。

　有料のステップメールを作ることで、収益の自動化も実現できます。
　あなたの知識や経験をお金に変えられるチャンスです。
　ぜひ出し惜しみなく情報を発信しましょう！

4.2 ステップメールとメルマガはどう違うの？

　これは、一番多い質問です!!

　メルマガは、その時々の話題を盛り込んで、その都度書くもので名前の通り、メールによる「マガジン」です。過去に配信したメルマガはストックし「過去記事」（バックナンバー）として読んでもらうことができます。
　一方ステップメールは、事前に記事を作り込んでおいて１通目から配信するものなので、お客様を教育するツールとしても利用できます。

4.3 知っておきたい3種類のステップメール

はじめてのお客様と関係を築くには、まず信頼してもらうことが第一です。

ステップメールは、新しく読者になった方に、常に1通目から配信していきますので、ストーリー性のある展開にすると、読者は続きを読みたくなります。

ここでは、3種類のステップメールをご紹介します。

❶自己紹介

1　自己紹介（興味・共感を持ってもらうために作成します。成功者ほど、必ず作成しています）
- ❶ あなたの世界観・理念
- ❷ 苦悩や経験
- ❸ 出会い（今の仕事をするきっかけ）
- ❹ 共感　同じ悩み
- ❺ あなたの実績

❷手軽に知識を伝えるメール講座

2　手軽に知識を伝える講座
- ❶自己紹介とステップメールの概要
- ❷知識1
- ❸知識2
- ❹知識3
- ❺まとめと更に学びたい人へのご案内

❸講座受講者のためのフォローメール（アップセル）

3　講座復習のためのフォローメール（アップセル）
- ❶ 受講後1～2時間後　お礼メール、講座写真、アンケート
- ❷ 1日後　講座の大事なポイント（復習）
- ❸ 2日後　失敗・間違いやすいポイント
- ❹ 受講者の声（アンケートをまとめる）
- ❺ 上位講座のセールス

おすすめステップメール

『30の基本テンプレ』WEB集客ならおまかせ！あなたの想像を超える記事タイトルができる

【日本WEBセレブ協会】

◆https://www.reservestock.jp/subscribe/82612

特徴
- 1ケ月で1000リスト登録
- 情報商材がそのままステップメールに。同じ内容ですが、毎日届くメールには読者が行動してもらうポイント満載。

❶ステップメールはどんな方に喜んでもらうために作ったものですか？
　起業家さん。メルマガやブログを毎日書くことができるように、あてはめるだけの簡単テンプレートを30種類作りました。

❷ステップメールを配信後どのような嬉しいことがありましたか？
　メルマガタイトルとして利用された方は60シェアされたり、ブログ記事のアクセスが、10〜20くらいから50倍の500アクセスに上ったりして喜ばれています。
　また、「書けなかったブログがテンプレートに沿って書くだけで毎日書けるようになりました」と喜びの声をいただいています。

『3つの方法を知ることで毎日ブログが書きたくなる』メール講座

【フラクタル心理カウンセラー・ブログ集客講師 高橋貴子さん】

◆https://www.reservestock.jp/subscribe/80620

❶ステップメールはどんな方に喜んでもらうために作ったものですか？

　ブログを書くことが必要とわかっていても何を書いていいかわからない、どう表現したらいいのかわからない、どうやったらブログから新しいお客様とつながればいいかがわからない、という方に役立ちたくて作りました。

❷ステップメールを配信後、どのような嬉しいことがありましたか？
・「読んでいます」と直接会ったときに、言ってもらえたこと。
・ブログやリザスト講座のお問い合わせがきたこと。

『スタッフが辞めないサロンづくり』5つのポイント

【美容サロン人材育成コンサルタント 田中加代子さん】

◆https://www.reservestock.jp/subscribe/87622

❶ステップメールはどんな方に喜んでもらうために作ったものですか
・スタッフが育たない、任せられない／どう教育していけばよいのかわからない
・いい関係が築けない／常に人手不足
など、スタッフ育成を中心にサロン運営、売上などでお困りのサロン経営者様

❷ステップメールを配信後、どのような嬉しいことがありましたか？

　個人サロンを長年経営をされていた読者様から、今後スタッフを雇い入れようとお考えになったこと。そのときに私のお話が聞きたいとお問い合わせいただいたこと。

4.4 できあがりのイメージ

ヘッダー
(P.95 参照)

タイトル
(P.93 参照)

ランディングページ
(受付フォームの文章)
(P.95 参照)

受付フォーム

4.5 ステップメールの基本設定をしよう

新規のステップメールを登録しよう

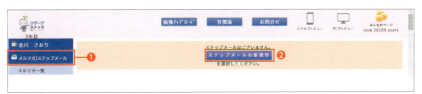

❶「メルマガ/ステップメール」→「ステップメール」をクリック。
❷「ステップメールの新規作成」をクリック。

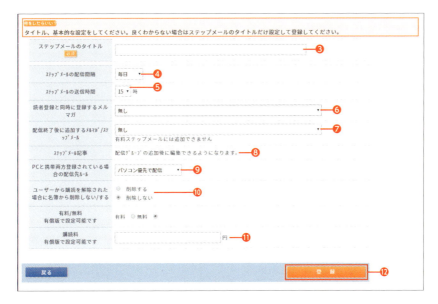

❸ 例）「起業する方法教えます」
❹「毎日・1日おき・2日おき・3日おき・毎週」から選ぶことができます。それぞれの間隔も自由に選べます。
❺ 送信する時間を設定します。
❻ 読者登録と同時に登録するメルマガ。ステップメールと同時にメルマガを選べます。
❼ ステップメール終了後に自動登録するメルマガを選べます。
❽ 配信グループの追加後に編集できるようになります。ステップメールの記事ができていれば、記事一覧へのリンクが表示されます。
❾「携帯優先で配信」「パソコン優先で配信」「携帯、パソコン両方に配信」「携帯のみに配信」「パソコンのみに配信」から選択できます。
❿ いずれかを選択。はじめは「削除しない」に設定しましょう。
⓫ 料金を設定できます。有料のステップメールを作れます。
⓬ 入力、設定し終わったら「登録」をクリック。

メールの本文を入力しよう

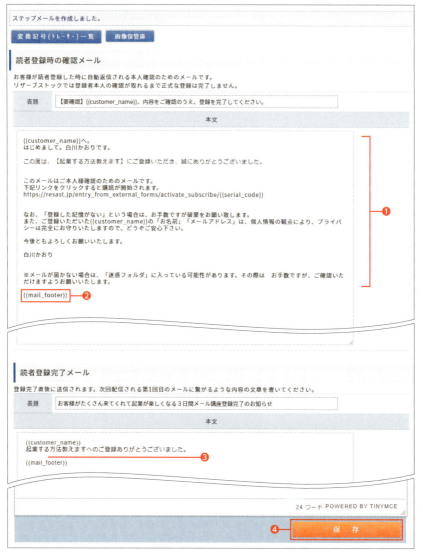

❶「読者登録完了メール」にはひな形が入っています。とくに変更がなければ、このままでかまいません。
❷STEP1の「全体設定」→「メール全般の設定」で作成したメールフッターが差し込まれます。
❸ ここに追記可能です。
❹ 入力したら「保存」をクリック。

ヘッダーや受付フォームなどを設定しよう

❶ ヘッダーに表示する画像を選択。
❷ ❶で選択した画像がヘッダーとして表示されます。
❸ 「自分の画像」を使用した場合、「画像の文字を消す」をクリック。
❹ オリジナル画像のソースを貼り付けます。画像ソースの貼り付け方はP.221、222参照。
❺ 「保存」をクリック。
❻ 受付フォームの文章を作成します。見出しを使うとわかりやすくなります。

STEP 4 理想のお客様を引き寄せる！ステップメールを設定しよう

❼「保存」をクリック。
❽「読者登録受付完了時のメッセージ」には、すでにひな形が入っています。変更も可能です。
❾「保存」をクリックし、入力/設定が済んだら、画面右上の「次へ」をクリック。

 ## 4.6 記事の作成画面を表示しよう

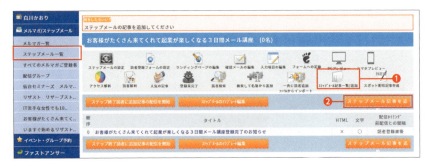

❶上部メニューの「ステップメール記事一覧/追加」をクリック。
❷「ステップメール記事作成」をクリック。

4.7 ステップメール1通目を書いてみよう

メルマガの書き方と同じ流れです（STEP3のP.78参照）。

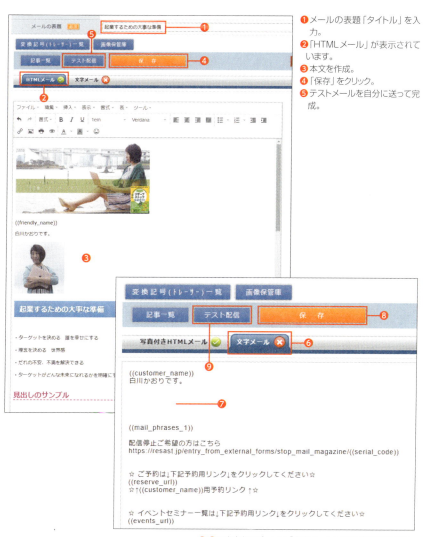

❶ メールの表題「タイトル」を入力。
❷ 「HTMLメール」が表示されています。
❸ 本文を作成。
❹ 「保存」をクリック。
❺ テストメールを自分に送って完成。

❻ ❸の本文をコピーして「文字メール」タブに切り替えます。
❼ ❸の本文を貼り付けます。
❽ 「保存」をクリック。
❾ 文字メールをテスト配信して確認しましょう。

2通目以降を作成しよう

❶「ステップメール記事一覧/追加」をクリック。
❷「ステップメール記事を追加」をクリック。
❸白紙のページが表示されます。
❹プロフィール写真の下から本文を書きましょう。

ひな形を設定しよう

「文字メール」のみ、同じフレーズをひな形として登録することができます。

❶「ステップメールのテンプレート編集」をクリック。
❷表示された「ステップメール記事のテンプレート」で内容を編集。
例)メルマガタイトル「起業する方法教えます」を読んでいただいてありがとうございます。

⏱ エラー!!「メールの表題を設定してください。」

タイトルを入れないとエラーとなります。

エラーとなる原因は、3通目が完成されていないからです。
タイトルの設定がされていないときに、エラーになります。

⏱ ステップメールを公開しよう

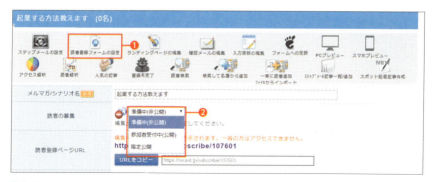

❶「読者登録フォームの設定」をクリック。
❷「準備中」から「参加者受付中(公開)」に変更。

⏱ mail_phrases（メールフレーズ）を使いこなそう!!

mail_phrases（メールフレーズ）とは

　ステップメールの記事は、一度書いてしまうと過去の記事となりますが、((mail_phrases_1))などの変換記号に文章を差し込むことで、最新の情報が入って、新しい記事に見えます。
　例えば以下のような内容を入れることで、読者とのコミュニケーションができます。
　mail_phrasesは3パターンの設定が可能です。

活用例
・新しいイベント情報
・期間限定キャンペーン情報
・新年の挨拶を入れる
・入学卒業シーズンなどのトピックを入れる
・震災や災害があったときはお悔やみの内容を入れる

mail_phrasesの設定

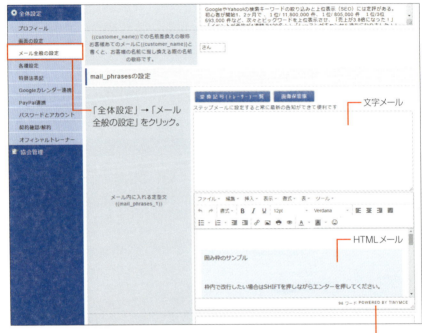

この下に、mail_phrases2、3があります。

column

((mail_phrases_1))を表示したくない

注意：((mail_phrases_1))は、すべてのメルマガ／ステップメールに挿入されています。表示したくないときは((mail_phrases_1))を削除しておきましょう!!

4.8 記事の順番を変更するには？

一覧画面での記事の並び順は、初期状態では配信した順になっていますが、あなたの好きな並び順に変更することもできます。

❶ 上部の「ステップメール記事一覧/追加」をクリック。
❷ 左側にある「順序」で、順番を変えたい記事の番号をクリックして変更します。

リザストユーザー145人の「理念」

柱のない家は存在しません!!
「理念」とは家で例えると柱の部分です

理念・目的のないビジネスは成功しない

「理念」とは・・・・・事業・計画などの根底にある根本的な考え方

理念・目的をしっかり持つことで、そのことが認知され、自分の理念・目的に沿ったファン、お客様が集まるようになります。

リザストユーザーさんの理念を参考に、あなたの理念をさらに深堀していきましょう!!
145人の理念が集まりました。

◆創始者　相馬純平　「すべての個人事業者が自己表現により生活できる世の中を創造する」　◆西宮鉄二　「全ての人が、生まれてきた目的（ビジョン）を生きられる社会へ」　◆遠藤裕行　メッセージを受け取って、他力を活用し大開運！　◆HITキャラクトロジー心理学協会　世界中の人たちが、本当の人生の創造に気づき、愛でひとつに繋がる社会の実現　◆早川亜希子　心豊かで最高に幸せな人生を生きる　◆北ందけい子　社会全体で子どもを育てられる世界のために　◆岡田鉄平　文章ひとつで人生が好転する、そんな奇跡を体験していただきます。　◆コーチングオフィス　白水淳　成長する人と組織をサポートする　◆高橋眞理子　お一人おひとりが、内なる個性に目覚めて生きる喜びに出会い、partnershipを築けるセラピーを提供します。　◆看護師のための人材育成の専門家　赤木きぬ子　看護師の世界に平和のウェーブを起こす　◆秋山剛　大人が夢を語り子供たちが憧れる社会をつくる。日本を夢が溢れるドリームランドにする。　◆あくつ利江子　全ての人が美と愛と豊かさで幸せ溢れる毎日を送り、子供達の未来のために愛を贈り合う大切さを伝えていく　◆淺賀ようこ　アロマサロンSANTAI代表　パソコン苦手、ぐるぐる思考を突破。自分らしく夢実現したい方のサポート　◆あべ　まゆこ　前向きに、幸せになるためのお手伝いをします！お悩みにしっかりと向き合います！　◆あまがいしげこ　描（書）くことを心から楽しみ愛と感謝が溢れる女性を増やします。　◆天野里江子　あなたらしくいるからこそ、運命の恋はやってくる！/「愛の循環」であなたと、世界を変える　◆新井　綾　ポテンシャルに満ちるすべての女性たちが、今をおもしろがって生きる世界の創造　◆飯野洋介　クライアントが自身の期待や予想をはるかに超えた成長を成し遂げることをお手伝いすることをとおして、一人ひとりが自分の人生の目的に自覚的に生きている充実した世界をつくることに貢献する。　◆一般社団法人日本リンパ協会　代表理事　池田ことみ　いくつになってもあきらめない貴方を応援します！　◆一般社団法人日本おうち整体協会代表理事　池本真人　家庭から社会を平和に　◆イメージコンサルタント　石川ひろみ　カラー＆ファッション＆メイクで女性を輝かせるお手伝い　◆いしかわ　まさよ　性教育を通じて親子の絆を深めてほしい　◆伊住みゆき　すべての女性に幸せで豊かな結婚生活を！　◆礒谷恵子　いずれ母となる20〜30代の女性に正しい靴の履き方を広める　◆伊藤伸一　好きな仕事を通してワクワクした人生を送ってほしい　◆伊藤昌浩　健康に関わるお仕事の人が楽しく元気で豊かになること　それこそが人生100年時代を明るい未来にする　◆さい　美容鍼灸でたるまない自分になる！綺麗を体の内側から引き出します。一生もののセルフケアお伝えします。　◆バーバラゆみこ　ミッションを明確にして、内面から輝き自分らしく生きる人を増やす　◆「魂の地図」コンサルタント　井室りーら　本当の自分を取り戻して、豊かな人生を自分でデザインできる人を創出していく　◆えつはしりえ　"世界の平和は自分から"子どもたちの未来に、いじめたりいじめられたりすることのない社会を残す

続きは
142ページ！

STEP5

驚くほど簡単でスムーズ!
個人セッションフォームをつくろう!

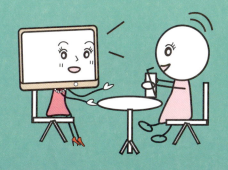

5.1 個人セッションメニューを作ろう

　個人セッションは、お客様と１対１の近い関係で信頼構築できるメニューです。個人セッションの種類には、以下のようなものがあります。

・オリエンテーション（無料）
・打ち合せ
・パーソナルセッション１回目（100,000円）
・パーソナルセッション２回目以降（入金済）
※１回目は個人セッション10,000円、２回目は入金済というように、セッションを２つ作成し申し込んでもらうような工夫もできます。

　自由な時間枠（例：30分、60分、90分、100分）で、オリジナルのメニューを作ることができます。
　予約日前に確認メールを自動で送れるため、お客様の「ついうっかり」なんていうトラブルも防げます。
　「確認メール」「前日確認メール」「サンキューメール」の３つのメッセージを自動で送ってもらえるのはリザストならではの機能で、お客様に喜んでもらえます。
　お客様一人ひとりに１通ずつ自分で送っていたら大変です。リザストは、こういった事務的な部分の手間を最小限にしてくれます。

　このSTEP5では、お申し込みフォームを作ります。

| Interview | 個人セッションでMVPを獲得している秘訣 |

月に何度もリザストの集客MVPを獲得している山本志乃さんに、どのようにしたらMVPが取れるのかを聞いてみました。

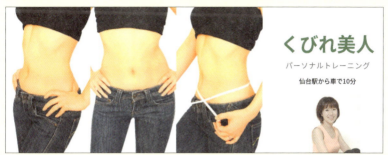

https://www.reservestock.jp/page/reserve_form_month/15150

ーリザストを使い始めてどのように変わりましたか？

お客様とのメールでの予約やり取りがなくなったので、個人セッションをする時間が増えました。また、「前日確認」などのメールもお客様に届くので、予約日を間違えるというミスがお互いに格段に減りました。また予約した人の確認もすぐにできるので、とても助かっています。

ー個人セッションはどのように使っていますか？使い方（どんなメニュー）を教えてください。

体験予約と、その後ー3cm、ー5cm「くびれ美人」または「シンデレラウェディング」というコースで使っています。

ー月に何度もMVPと取っていますが、どうしてMVPを取れるようになったのかも教えてください。

パーソナルトレーニングをしていますので、全ての予約をリザストから申し込んでもらっていたら、MVPがとれるようになりました。アメブロやFacebookにも予約のリンク、ご紹介でも予約のリンクを連絡しています。

5.2 できあがりのイメージ

まずは完成形を見てみましょう。

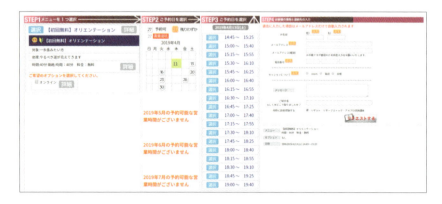

「初回無料 オリエンテーション」申込フォームを作ろう

❶ 受付時間を設定する
❷ メニュー名を設定する
❸ 予約設定をする
❹ オプションメニューを作る
❺ 複数のメニューをグループ化する
❻ 自動返信メールを設定する

次のページから、順番に設定していきます

5.3 予約受付時間を設定しよう

受付時間の設定方法は、「一括設定」と「個別設定」の2種類があります。

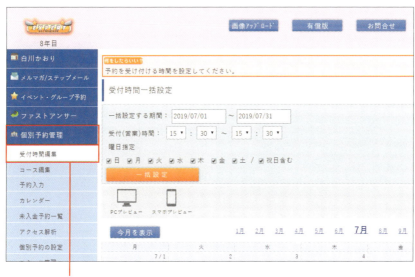

「個別予約管理」→「受付時間編集」をクリック。

一括設定をする場合の方法

「7月1日〜7月30日まで平日のみ、10時〜17時」という設定をしてみます。

❶ 設定する期間と、受付時間を設定する。
❷「曜日指定」の月〜金にチェックを入れる。
❸「一括設定」ボタンをクリック。

107

❹指定した期間に10：00－17：00と設定されました。

個別設定をする場合の方法

「7月4日 10時～12時」という限定日を設定してみましょう。

❶カレンダーの7月4日にある「追加」をクリック。
❷「10時～12時」に設定。
❸「追加」をクリック。

❹予約できる時間が設定されました。

受付時間を変更したいとき

「7月4日 10時～12時」を「7月4日 9時～12時」に変更してみます。

❶「7月4日」にある「10時～12時」をクリック。
❷「10時」クリックして「9時」に変更。
❸「更新」をクリック。

❹受付時間が設定されました。

受付けた時間枠を削除したいとき

時間枠を削除するには「個別削除」「全削除」の2つの方法があります。

個別に削除する

❶ 削除したい時間枠をクリック。
❷ 「削除」をクリック。

全削除する

削除したい日付に表示されている「全削除」のボタンをクリック。

5.4 メニューを設定しよう

「初回無料　オリエンテーション」というコースを例にして、メニュー設定してみます。まずは設定画面を表示します。

❶ 「個別予約管理」→「コース編集」をクリック。
❷ 「コースの追加」をクリック。

STEP 5 驚くほど簡単でスムーズ！個人セッションフォームをつくろう！

109

❶初回無料 オリエンテーション
❷初回無料
❸3ヶ月継続コースを希望する方のメニューです。詳細はhttp://xxx…〜
❹ブログ、リザスト集客導線を作りたい方
❺売り込まないのに売れる導線ができます。
❻オプションを追加できます（P.114参照）。
❼お申込みありがとうございます。
・zoomの場合
 http://xxx…〜
・対面の場合　東京都○○〜
よろしくお願いします。

❽各項目を入力。
❾最後に「登録」をクリック。

予備時間・例外除外時間について

移動時間などがある場合は、ここで設定するとその時間帯は除外して予約を受付けてくれます。

column
同じ内容で異なる会場のセッションの場合

会場が異なる場合は、○○会場　メニューを別に立ち上げると良いです。

⏱ 登録したメニューの編集・変更

登録したメニューの内容や設定を、後から編集することができます。

❶「個別予約管理」→「コース編集」をクリック。
❷「コース一覧」から編集したいコース名をクリック。

できたところまで確認しよう

登録した内容の確認方法には、以下の3つがあります。

❶「PCプレビュー」をクリック。
❷「スマホプレビュー」をクリック。
❸「URL」をクリック。

実際に申し込みをしてみよう

スマホ表示の場合

◆スマホ、パソコン両方の流れを確認しましょう。

パソコン表示の場合

5.5 予約の詳細設定をしよう

予約は「いつまで受け付けるか」も設定できます。また、1日の最大予約数を設定することも可能です。メニューごとの設定ではなく、全体での設定になります。すべてのメニューに対応します。

「個別予約管理」→「個別予約の設定」をクリック。

❶**予約受付終了日**　直前〜7日前まで設定できます。

❷**1日の最大予約件数**　受付件数の上限を設定することができます。

❸**予約受け付けモード**　「お客様優先」「サービス提供者優先」の2つがあります。

　予約時間の間隔を15分以上の単位で設定できます。
　・お客様優先：お客様が好きな時間を選べる自由度の高い設定
　・サービス提供者優先：なるべくサービス提供者（あなた）の時間が空かないように設定

❹ **予約の承認**　予約を承認する方法は4つあります。

　・全ての予約は承認なしで確定する
　・トレーサーからの予約（本人が特定できている方）は承認なしで確定する
　・メールアドレスが登録されていれば承認なしで確定する
　・すべての予約は承認が必要
　ここでは「全ての予約は承認なしで確定する」に設定していますので、すぐにお客様には予約確認メールが届きます。

❺ **予約と同時に読者登録を促す**

　メルマガ/ステップメールを設定できます。

5.6 オプションのメニューを作ってみよう

個人セッションに、追加のサービスをオプションメニューとして作ることができます。

例） LINE＠講座

ここでは「LINE＠講座」をオプションとして作成し、コンサルメニュー「60分」と「120分」に設定します。

◆できあがりのイメージ

❶「個別予約管理」→「コース編集」をクリック。
❷「オプション一覧」の「オプションの追加」をクリック。

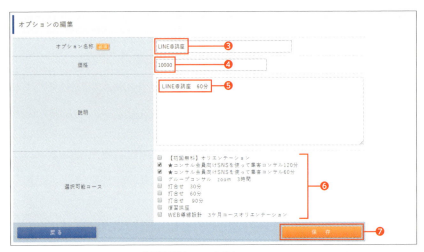

❸オプションのタイトルを入力。
❹価格を入力。
❺オプションの内容説明を入力。
❻選択可能なコースを設定。
❼「保存」をクリック。

5.7 複数のメニューをグループ化してみよう

できあがりのイメージ

複数のメニューをグループ化できます。同じ内容で時間が異なる場合など、見やすく表示されます。

打合せ「30分」「60分」「90分」メニューを、「打合せ」というグループにします。
メニューの作り方はP.109を参照。

設定してみよう

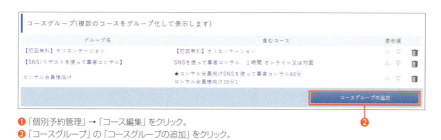

❶「個別予約管理」→「コース編集」をクリック。
❷「コースグループ」の「コースグループの追加」をクリック。

115

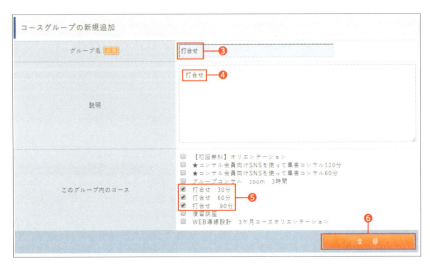

❸グループ名を入力 (ここでは「打合せ」)。
❹グループの説明を入力。
❺このグループのコースにチェックを入れます。
❻「登録」をクリック。

5.8 4つの自動返信メールを設定しよう

予約後のメールは大切です。タイミングよく送ることでお客様が安心し、信頼関係を築くことができます。メニューごとにメッセージを変えることもできますが、一括の設定も可能です。ここでは一括設定を説明します。

❶自動で予約が確定した際の返信メールの設定

お客様からの予約を承認し、確定すると、自動でメールが送られます。

❶「個別予約管理」→「個別予約の設定」をクリック。
❷「自動送信されるメールの設定」をクリック。
❸自動で挿入されます。
❹ここに文章を書き加えることができます。

❷予約前自動確認メールの設定

お客様が予約を忘れないように、確認のメールを送ることができます。同じ内容を自分宛てに送ることもできます。

❶「送信しない」「30分前」「1・2・3時間前」「1日前・2日前」から選びます。
❷ここに文章を書き加えることができます。
❸自分にも同じ内容を送れます。

117

❸予約後サンキューメール（セッション終了後）の設定

セッションの後に、お礼メールを自動で送ることができます。

「送信しない」「30分後」「1・2・3時間後」「1日後・3日後」から選びます。

❹予約後あれからいかがですか?メールの設定

セッション後しばらくしてから、お客様に「その後、いかがですか？」というメールを送ることができます。自分宛てにリマインダーメールを送ることもできます。

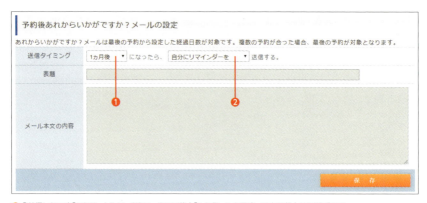

❶「送信しない」「10日・15日・20日・25日後」「1カ月・1カ月半・2カ月後」から選びます。
❷「自分にリマインダーを」「お客様に下記のメール」を選ぶと、入力できる窓が表示されます。

5.9 ブログパーツやQRコードを設定しよう

ブログに貼り付ける予約ボタンやQRコードを作成することができます。ブログへの貼り付け方については、P.75で詳しく説明します。

❶「個別予約管理」→「個別予約の設定」をクリック。
❷「ブログパーツQRコード」をクリック
❸気に入った予約ボタンをクリック。
❹ブログパーツのHTMLをコピーし、ブログに貼り付けます。

STEP 5 驚くほど簡単でスムーズ！個人セッションフォームをつくろう！

5.10 店舗・講座風景の画像を入れよう

予約を受け付ける画面に写真や説明を入れると、あなたの商品がお客様に伝わりやすくなります。

画像は6枚まで入れられます。店舗や講座風景など、お客様との写真を入れましょう。

◆でき上がりのイメージ

❶「個別予約管理」→「個別予約の設定」をクリック。
❷「店舗等の紹介画像」をクリック。
❸「写真1」〜「写真6」下にある「ファイルを選択」をクリックし、写真を選択。
❹写真の下に表示する説明を入力。
❺画面右下の「保存」をクリック。

5.11 個人セッションの説明文を入れよう

5-10で設定した、6枚の画像の下に表示されるメッセージです。個人セッションで伝えたいことや、操作方法などを記入しましょう。

見出しの枠線を入れると、見やすくなります。枠線の使い方については、活用編（P.207）で詳しく説明します。

枠線が入った状態

STEP 5 驚くほど簡単でスムーズ！個人セッションフォームをつくろう！

❶「個別予約管理」→「個別予約の設定」をクリック。
❷「受付画面のメッセージ」をクリック。
❸「予約受付画面に表示するメッセージ」に入力。写真を入れたり、見出しでわかりやすく。
❹右下の「保存」をクリック。

5.12 スタッフが増えても対応できる

　有償版のプレミアム版やエキスパート版では、複数のスタッフを登録して、スタッフごとに予約受付けを行うことも可能となります。サロン経営などに便利です。
　スタッフを追加する方法を説明します。なお、追加される方はリザストにメールアドレスなどを登録する必要があります。リザストの個人アカウントは不要です。

できあがりのイメージ

スタッフを追加しよう

❶「個別予約管理」→「スタッフ管理」をクリック。
❷「スタッフ」「施設名」「担当者」などで名称を入力。
❸「追加」をクリック。

122

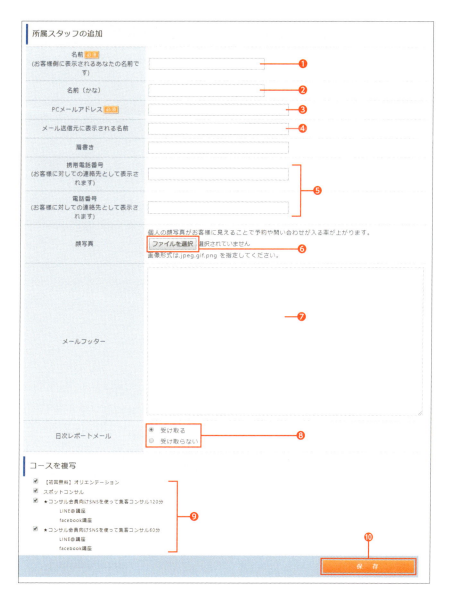

❶必須事項です。ここで入力した名前がお客様に表示されます。
　例）日本花子
❷名前のよみがなを入力します。
❸必須事項です。担当者のアドレスを入力します。
❹メール送信者名が表示されます。
❺連絡先としてお客様側に表示されます。
❻「ファイルを選択」をクリックして、写真を選択します。
❼連絡先やHP/ブログURLなどを記入します。
❽毎日の状況がわかります。「受け取る」がおすすめです。
❾スタッフができるコースをチェックします。
❿入力し終わったら「保存」をクリック。

123

スタッフごとに予約を受ける時間を設定しよう

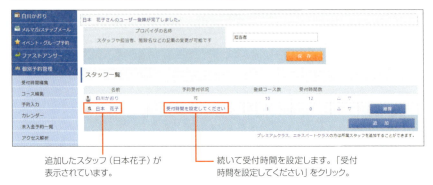

追加したスタッフ（日本花子）が表示されています。

続いて受付時間を設定します。「受付時間を設定してください」をクリック。

P.107を参考にして、日時を設定しましょう

5.13 その他の設定：❶お客様の代わりに予約する

お客様から直接、口頭で予約を頼まれることがあります。その場合、お客様の代わりにあなたが予約を入れることができます。2つの方法を紹介します。

○お客様を検索して予約する方法（既存のお客様の場合）

❶「個別予約管理」→「予約入力」をクリック。
❷お客様名を入力。
❸「検索」をクリック。
❹検索結果から、該当するお客様の「予約を入力する」をクリック。

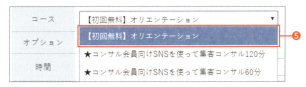

❺「コース」のプルダウンメニューから、該当するコースを選択。

名簿にないお客様を
登録することもできます
（P.127参照）

予約の時間を設定しよう

❻「時間」の空欄をクリックするとカレンダーが表示されるので、日時を選択。
❼右下の「決定」をクリック。

予約内容を確認しよう

❽・担当者名
　・名前
　・メニュー
　・時間
　を確認します。
❾お客様宛にメールを送るかどうかを選ぶことができます。
❿「確定」ボタンをクリック。

名簿にないお客様を登録する方法

予約方法は、前ページの「既存のお客様の場合」と同じ流れです。

❶「個別予約管理」→「予約入力」をクリック。
❷「新規顧客情報追加」をクリック。

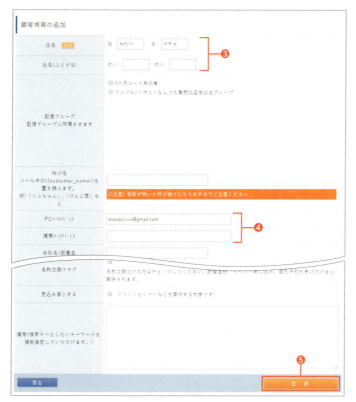

❸❹「名前」「メールアドレス」などわかる範囲で入力。既存のお客様の場合（前ページ）と同じ要領で行います。
❺画面の下部にある「登録」をクリックすると、お客様の登録が完了します。

STEP 5 驚くほど簡単でスムーズ！ 個人セッションフォームをつくろう！

5.14 その他の設定：❷入金処理と領収証の発行

　入金処理ができます。お客様から入金されたら「ご入金を確認」メッセージと「領収証」を送りましょう。「日付」→「金額」→「送信」の３つのステップで、とても簡単に送ることができます。

❶「個別予約管理」→「未入金予約一覧」をクリック。
❷該当者の「入金処理」をクリック。

❸入金金額を入力。
❹入金方法（銀行振込み/paypal/手渡し）を選択。
❺「支払日」の空欄をクリックし、日付を選択。
❻「支払確認済にする」をクリック。

❼「支払い確認メール編集画面」が表示されます。領収証付きのひな形が入っています。
❽お客様がURLをクリックすると領収証をダウンロードできます。
❾「メール送信」をクリックするとお客様にメッセージが送信されます。

STEP6

1週間で1000リストも夢じゃない!
診断ツール「ファストアンサー」をつくろう!

6.1 ファストアンサーとは?

「〇〇診断」「**チェック」といった診断テストをネットで見かけることはありませんか?「ファストアンサー」とは、リザストで作ることができる診断ツールのことです。

診断ツールはとても人気です。おもしろい診断でFacebookやTwitterなどのSNSで拡散されて、1000リストを獲得することも夢ではありません。

ファストアンサーを作るときには、質問に対する回答をあらかじめ用意しておきます。お客様から質問に回答してもらうと、自動的に回答文が作成され、メールで返信することができます。

ファストアンサーの診断ツールを試した方は、こちらから案内（ステップメールやメルマガ）を送れるようになるので、あなたの見込み客になります。

ことばのスキル診断

【一般社団法人　コミュニケーションスキル協会】

◆https://resast.jp/page/fast_answer/4561

❶ ファストアンサーを作成し、どんなふうに喜ばれましたか？

・気軽に答えるだけで、コミュニケーションやプレゼンテーションの豆知識を得ることができた。
・今までと違う視点で考えるようになった。
・現在の自分の言葉に対する課題がみつかって改善方法がわかった。
など

❷ 効果は？

　メルマガ登録につながり、体験会が満席になりました。また、メルマガで信頼関係を築いているおかげで、本命商品の成約率が100％の体験会もあります。

　ファストアンサーで興味を持ってもらい、メルマガで有益な情報をお伝えすることで、理想のお客様と出会うことができます。地道に一歩一歩が近道です。

STEP 6　1週間で1000リストも夢じゃない！診断ツール「ファストアンサー」をつくろう！

○ 【無料】好きな枠線でキャラ診断♡プレゼント付き

【日本WEBセレブ協会ブログ/リザストマスター馬橋明里さん】

◆ https://www.reservestock.jp/page/fast_answer/4829

❶ ファストアンサーを作成し、どんなふうに喜ばれましたか?

　ブログでも使えるし、リザストでも使える枠線をプレゼントしてもらえたことと適切なアドバイスに「なるほど〜。もっと自分に愛を与えよう!」と思えたそうです。

　とても可愛いと紹介されました。

❷ 効果は?

　メルマガ読者様が増えました。公開直後に100名ほど増え、その後も少しずつ診断してくださっています。

❸ 画像付とは斬新ですが、どうして画像付のファストアンサーにしたいと思ったのですか?

　画像つきのファストアンサーが作れることを知り(作っている方もいらしたので)私も作りたいなと思いました。

　文字だけより楽しく回答できるため、パッと見て答えやすいと大好評です。

6.2 人気の「ファストアンサー」をチェックしてみよう!

ほかの方たちがどんなファストアンサーを作っているのかを見てみましょう!

「ファストアンサー」をクリックすると、最近1ヶ月の回答数が多かったファストアンサーベスト20が掲載してあります。

どんなファストアンサーが人気があるのか、まず確かめてみましょう。

「ファストアンサー」→「ファストアンサー一覧」をクリック。

STEP 6　1週間で1000リストも夢じゃない! 診断ツール「ファストアンサー」をつくろう!

6.3 ファストアンサーのタイトルを作成してみよう

できあがりのイメージ

診断の質問と回答を作成し、自動回答メールの設定が済んだら、自分で登録して、できあがりを確認してみましょう。以下の点に注意して確認しましょう。

❶ 診断の答えは間違いありませんか?
❷ 流れは間違っていませんか?

詳しくはQRコードよりアクセスしてください。

ファストアンサーの新規登録を始めよう

❶「ファストアンサー」→「ファストアンサー一覧」をクリック。
❷「新規登録」をクリック。
❸ タイトルを入力。

ファストアンサー受付の画面を作ろう

内容は、いつでも変更できます。まずは流れに沿って作成しましょう!

❶ ヘッダー画像を選択する

ご自身でオリジナルのヘッダーを作成することも可能です。詳しくは、活用編(P.219) を参照してください。

❷ 受付フォームの説明文を入力する

受付フォームの説明文に、ファストアンサーの内容をわかりやすく書いていきます。なお、あらかじめ入力されている以下の文章は、消さずに残しておきましょう。

> (注) このサービスは無料です。 自分に合ったアメブロブ/リザストのヘッダーデザインがわかる!【無料】女性起業家のための「キャラ別ヘッダー診断」を利用された方には、メルマガに自動登録させていただきます。

6.4 診断の質問と回答を作成しよう

質問に対する答えを用意しましょう。

質問と回答の追加画面を表示しよう

❶「ファストアンサー」→「ファストアンサー一覧」をクリック。
❷「質問と回答の編集」をクリック。
❸「質問回答一覧」の「質問と回答の追加」をクリック。

項目を追加しよう

❶ 5つの答えから選んでもらうため「5択回答」にします。
❷「項目の追加」をクリック。

質問と回答の例

　一番好きなスイーツは？
　・きれい系：イチゴのショートケーキ
　・ミステリアス系：タピオカ
　・しっかりもの系：ドーナツ
　・○○系：バニラアイス
　・○○系：マカロン

➡

　質問文：一番好きなスイーツは？
　選択肢1：イチゴのショートケーキ
　選択肢1が選択された場合の回答文：
　きれい系
　　　　　　　　　︙
　（選択肢1つ1つに回答文を作成する）

選択肢の数だけ繰り返そう

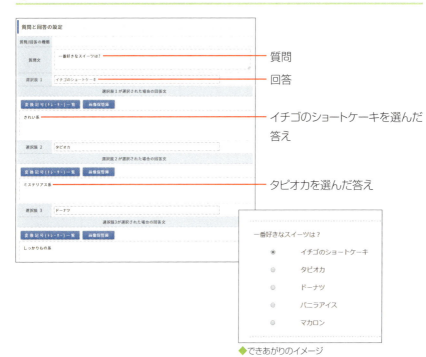

- 質問
- 回答
- イチゴのショートケーキを選んだ答え
- タピオカを選んだ答え

◆できあがりのイメージ

すべての質問を設定しよう

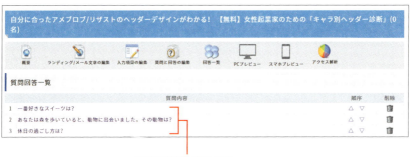

すべての質問を設定します。

6.5 「回答されるメール」の先頭に入る文章を作成しよう

自動回答メールの文章を設定しよう

診断を申し込んでくれた方に、自動で送信される回答メールの文章を入力します。

入力箇所は「自動回答メールの文章」の「回答されるメールの先頭の文章」になります。入力欄が上下２つに分かれており、中ほどに「ここに自動回答の文章が入ります」と表示されています。

自動回答の下に設定できる文章は重要です。工夫して次のサービスにつながるような案内を入れると効果的です。

❶ ひな形が入っています。
❷ 「ここに自動回答の文章が入ります」の下の枠の部分に、診断の回答を読んでもらった後にお伝えしたい内容を入力します。次ページの例文を参考にしてください。
❸ 「保存」をクリック。

「ここに自動回答の文章が入ります」の下に設定する文章（例文）

1〜5の数を
いくつか数えてください。

同じ数があった場合は直感で
「いいな!」と感じたほうを見てください。

では・・・・・

【1の数が3つ以上】の
((friendly_name))は　"きれい系"です。

「綺麗な女性」は多くの女性のあこがれ。
だからこそ、綺麗な女性になるために努力を重ねている人も少なくないはずです。

そんなあなたが、ブログのヘッダーを作るとしたら、
女性ならではの年齢を重ねても大事にしていきたいこだわりや
年齢を重ねれば重ねるほど幸せオーラやポジティブオーラがある
自然とエネルギーデザインに仕上げましょう。

((friendly_name))は「ブログのヘッダーも素敵なんですね!
とクライアントから言われるデザインになっていたら完璧です。

column
((friendly_name))の部分

((friendly_name))は「(姓に対する)名 さん」に変換されます。お客様が受信したメール上では、名前が表示されています。

6.6 公開してブログやFacebookで告知しよう

自分で登録し、確認したら、「公開」して受付中の状態にしましょう。
そして、ブログやFacebookで告知します。

「受付中（公開）」にしよう

❶「ファストアンサー」→「ファストアンサー一覧」→「概要」をクリック。
❷クリックして「受付中（公開）」にします。
❸画面の下の方にある「保存」をクリック。

告知の文章例

> ヘッダー診断リニューアルしました。
> 今回はヘッダーを1からすべてリニューアルしました!!
> 「女性起業家のあなたのキャラにぴったりで魅力が最も伝わりやすいヘッダーデザイン」がわかる診断を作りました。
> https://resast.jp/page/fast_answer/×××

Facebookでの告知

ブログでの告知

6.7 お客様からの回答の結果を確認しよう

診断の結果は、回答一覧に表示されますので確認してみましょう。
回答を削除することや、CSV 形式のファイルで出力することもできます。

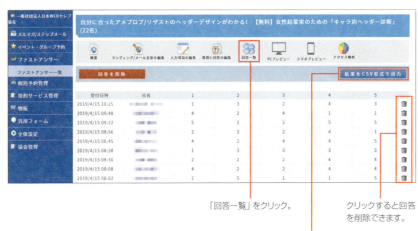

「回答一覧」をクリック。

クリックすると回答を削除できます。

クリックするとCSV形式で出力できます。

column

ファストアンサーと個人セッションを連動させよう

　ファストアンサーの内容にちなんだステップメールを配信することで、回答した方は、さらに興味を持ち、あなたのことを深く知ろうとするきっかけにもなります。

　おすすめなのは、ファストアンサーと個別セッションを連動させること!

　リザストは、いろんな機能と機能を連動させることができるので、お客様があなたのサービスに申し込みしたくなる流れを、簡単にたくさん作れます。だから、売上が上がりやすくなるのです!

　手作業でやっていたら、すご～く手間になってしまいますよね。
　リザストは、そんなあなたの強い味方なのです。

ぜひ、いろんなことにチャレンジしてみてくださいね。

リザストユーザー145人の「理念」

102ページの続きです！

◆（一社）日本結婚カウンセリング協会 OR JMCA 遠藤 壽彦 理念1 夫婦円満は社会の礎 2 夫婦円満は子どもの心の支え 3 褒める。認める。許は家族の心の支え ◆Rize-Partner 「幸せ引き寄せサロン」 女性が幸せを取り戻し、本当の自分を生きるためのサポート ◆一般社団法人 思考の学校 代表理事 大石洋子 思考が現実化するしくみを知って現実を変えるちからを手に入れる ◆一般社団法人キレイデザイン協会理事長 大沢清文 人生をもっとキレイにカラフルに ◆小笠原みき 自分の怒りを笑いにかえる生き方をお伝えします ◆岡田さいじ 人類健康化の水先案内人として、整体を用いた健康法で生涯現役を支援する。 ◆おのともこ 自分らしさを生かした"新時代"のワーク&ライフスタイルを確立し、豊かで幸せな自立した女性を増やす ◆小野澤雅美 本当の自分を取り戻し、大切なものにエネルギーを注げるマインド作りをお手伝いします。 ◆折田安紀 マナーとは「愛」であり「ルール」ではありません。特別なことではなく、日常からの想いやり・心遣いが大切となり、特にテーブルマナーにおいては、コミュニケーションが必要不可欠だということを理念に掲げ、親から子供への継承で人の意識を気付かせ、より生き生きとした人生を生き抜くための道案内を使命としています。 ◆かなわひろみ 生涯現役 IT女子!! 輝く未来へ挑戦する起業家さんをサポートします。 ◆辛島 玲美 女性のキャリアシフトをサポートします！ ◆河合智美（かわとも） パソコン1台で個性を活かした女性の働き方をサポートする ◆一般社団法人日本ママヨガ協会 今 この瞬間を生きて 自分らしく輝く ◆妊活先生 赤ちゃんが欲しいと願う全ての女性が妊娠する世界の実現 ◆衣川信之 未来の子どもたちのために輝く地球を贈る〜天使の活動を地上で行うフリーメーソン系企業 ◆くしのくみこ 美しく豊かな自立した女性を応援し合うことが当たり前の世の中を未来の子供達へ繋いでいく ◆くどうまさみ 動物達と一緒に♪波動を高め宇宙の流れに乗って自分らしく生きる ◆熊谷 共笑 宇宙全体がよくなるために生まれてきた価値を楽しんでもらうため ◆グレース・真由美 魂のミッションを発動し、誰もが充実したビジネスと愛に満ち足りた人生を愉しむ世界を創る。 ◆黒瀬かおり 本質とつながり丸ごとOKで今を幸せに生きる人をふやす 心と身体を笑顔に！自然療法の力を通して真の健康と幸せに気付くきっかけを届けたい！ ◆小池奈々子 ・自分の人生を生き抜く！ そして自分の人生を楽しめるようになる。・体の不調に悩むかたに 背骨コンディショニングで 不調を軽減し希望を持てるようになっていただく。・小池奈々子に出会って良かったと思って貰えるように活動する。 ◆小番 今（こつがい きょうこ） アートのある日常は、溢れ出る想いを伝え合い「ありがとう」が循環する豊かで美しい世界を実現する。 ◆小林依久乃 お金を通して自分を実現する ◆栄養士起業コンサルタント 小林裕子 栄養士が起業という働き方で、自分らしく豊かに生きるしくみをつくる！ ◆清原瑠美 ライトワーカーへの変容と、1分トラウマ解消ヒーリングのマスターをサポートし、世の中に愛と平和を広げること ◆マサトXジェンダー鑑定士 変わる、変われる、変えられる！そして未来。あなたの力と可能性を引き出します！ライトワーカーとして社会に貢献する活動をしています！ ◆アット・ゾーン代表 最上さな枝 「本当の自分」を解き放ち誰もが思い通りに生きる世界を創造する ◆お金のソムリエ協会会長 坂下仁 お金を通して家族の幸せを実現する ◆坂本浩徳 自由でチャレンジする個人、奇跡を起こすチームを支える存在であること ◆佐藤かずみ 窮屈な思いしかない会社員生活をしている人へ「自分の居場所」を見つけよう ◆神保 いくこ フラクタル心理学を通して人々のココロを軽くしたい ◆武〜Takechang〜 すべての楽器を弾く人が音楽を楽しめるためのサポートをする ◆murirplume* Manami ☆ネガティブ思考から抜け出して他人に依存せず自分をコントロール出来る女性を増やしたい！ ☆自己承認欲求を満たして自信をもって輝く女性を増やしたい！ ◆ナミ 自分らしく生きるために、心と身体の本来の健康を取り戻すことができますよう、できるだけお薬に頼らない生活の実現に向け、お食事や漢方、アロマセラピー等を用いてお手伝いをさせて頂きます ◆水上光美 男性、女性、中性みんな同じ人間だ。 ◆杉山english栄子 「分かるって楽しい！分かるって嬉しい！」自分の本音を聞いてもらえて、自分らしく生きる！ ◆鈴木 清恵 離婚しないマインドを整えて、魂レベルで本当に幸せと思える人生を送っていけるよう気付きのサポートをする！ ◆鈴木紗季 魂の浄化。自分の可能性を信じ、自分の魂が喜ぶ人生を歩む人を増やす ◆日本知育玩具協会 認定講師 鈴木しおり 0歳からの非認知能力の育て方をお伝えすることで、新米ママパパの子育てをもっと楽しいものにし、才能豊かな子どもを増やすことで、未来の社会を幸せなものへ ◆鈴木ひろみ ピカピカな心と体を持つこどもたちを産みたい女性、育てたい老若男女の大人をサポートする ◆aromaya∞ユニコ 自分を信じて キラキラな人生を楽しむ ◆須田 茉莉 ママの自己肯定感向上が子どもの未来を創る ◆浅海鈴音 日本が誇る「神社」の文化と美しい作法を【元巫女さんが教える恋愛成就術】としてお伝えしていきます。 ◆高橋よう子 音楽と香り（メモリーオイル）、アメブロとリザストで、技術的なサポート〜心のサポートまで、 安心して人生をより楽しく豊かになるお手伝いをします。 ◆高橋貴子 WEB発信とメンタルを整えることで本来の魅力能力を開花！生きがいになる仕事をし続ける人を増やす ◆竹田 尚司 美人は自分の心が決める。 ◆竹田美喜子 自分自身を愛し幸せになることで、人に幸せが広がることをお伝えしたいです ◆田中克成 縁あって出会う人を救ってあげられる生き方の実践 ◆田中 加代子 「女性として生涯美しく生きるために」 ◆田中 俊浩 出逢った方の人生がより充実し 輝くものとなるためのお手伝いをしています ◆武田るな CA流・魅力アップで至上最高の幸せを手に入れる女性を増やします ◆田辺幸恵 スポーツを通じた「心」豊かな成長をサポート ◆彈 正原 由紀 マナーは自分の一生の財産になります ◆自信を育む「セルフヒーリング」と 未来記憶をつくるアロマの専門家 築井朋美 すべての女性が「自分自身を癒せる力」があることを知ってほしい ◆千葉洵子 「女性が幸せだと世界は平和」 ◆原子やすふみ 自然体で生きられる世界へ

続きは186ページ！

STEP7

自由自在に商品を売れる!
オンラインショップを作ってみよう!

7.1 リザストでオンラインショップを作ろう

リザストでは、オンラインショップを作ることができます。
　ハンドメイドの小物、鑑定書、〇〇講座、アロマオイル、作品キットの商品、テキスト販売、本、代行業などの告知文作成やリライト、プロフィール作成、〇カ月のコーチング契約など、あなたのアイデア次第でオリジナルをいくつも生み出せます。
　会員さんだけの特別価格は限定公開にすることも可能です。

グラスアートで飾るサンキャッチャー
2,500円
【森咲 さとみ】さん

リボンシュシュ
2,700円
【琴星 かなか】さん

むくみすっきりカッサプレート
1,500円
【稲田 彩子】さん

オンラインショップ成功事例

💍 カラー&イメージコンサルタント／色彩講師 石川ひろみさん

❶ショップを作った感想を教えてください

　もともとパソコンが苦手で どうやって お客様からの申込の導線を作ったらいいのかわからずにいました。ショップを作ることで お客様に商品をわかりやすく説明できるようになりました。ショップから申込をして頂けるようになり、お客様にとっても私にとってもメリットがあったと思います。

**❷どんなところでお客様に喜ばれましたか？
　またはどんなところで楽になりましたか？**

　いつでもパソコンから情報を取り入れられたり、予約を入れられて便利だと喜んでいただいています。

　商品の説明をしてくれて、その後のフォローもしてくれて、PayPalのクレジットカード払いのリンクも貼ってくれて便利です。

7.2 オンラインショップを作る準備をしよう

❶販売する商品を決める

講座	個人セッション／コンサル／ヒーリングセッション／対策セミナー／診断テスト／コーチング
代行業	プロフィール作成／プロフィール写真撮影／HP作成／メルマガ代行
作品	絵画／小物／グラスアート／デコパージュ／アクセサリー／パーツ
テキスト／本	講座テキスト／著書本／電子本／PDF

❷値段を決める

　無料版ではPayPalでの売価が3万円まで、プロフェッショナル版30万、800万まではエキスパート版で作成することができます。

❸発送方法を決める
　商品があるもの：　宅急便／レターパック（一律料金）
　商品がないもの：　ダウンロード／講座であれば予約方法

❹商品の写真を用意する
　1～3枚準備します。

❺商品の詳細を準備する
　商品があるもの
　商品がないもの：
　基本のステップ／次の流れを詳しく決めます。

❻支払方法
　代引き／銀行振込み／PayPal決済

❼キャンセルポリシー
　トラブル防止のため情報。

◆できあがりのイメージ

7.3 「会員だけが見られる」オンラインショップを作ろう

ここでは「テキスト販売」サイトを例に、作り方を解説します。会員しか見えない、限定公開のサイトを作ってみましょう。

できあがりのイメージ

7.4 商品を追加しよう

◯ 商品の追加画面を表示しよう

❶「物販」→「商品一覧/在庫管理」をクリック。
❷「商品の追加」をクリック。

STEP 7 自由自在に商品を売れる！オンラインショップを作ってみよう！

147

商品内容の詳細を入力しよう

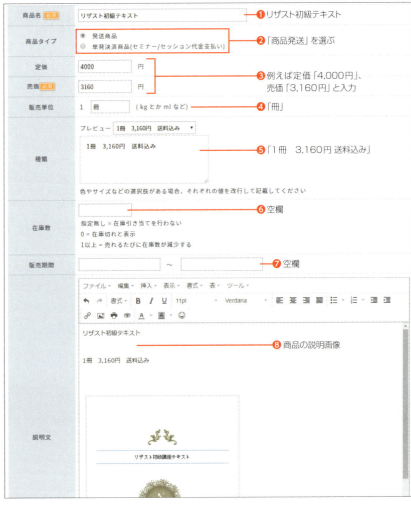

❶商品名を入力。
❷「発送商品」または「単発決済商品（セミナー/セッション代金支払い）」を選択。
❸定価と売価（販売価格）を入力します。売価は入力必須です。
❹冊／個／セットなどで設定します。
❺色やサイズなどがある場合、記載します。
❻空欄の場合は「在庫の管理は無し」となります。
❼期間限定で販売する場合に入力します。
❽商品の説明や、商品が届いたあとの説明などを入れます。信頼を得るために詳しく書きましょう。説明文の中にも画像を入れることができます。

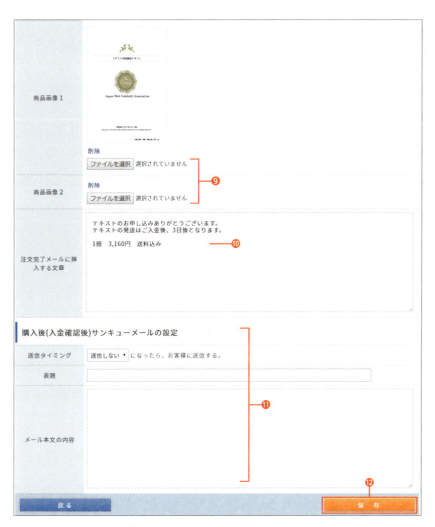

❾商品画像は2枚入れられます。「ファイルを選択」をクリックして画像を選択します。
❿次のステップや流れなど、説明文で記載した大事なことを書きます。
⓫PayPalを設定してある場合は、入金1日後以降、自動でメールを送信することが可能です。
⓬入力が終了したら「保存」をクリック。

7.5 支払方法・送料・お届け予定日・メルマガ設置などの基本設定

❶「物販」→「物販の設定」をクリック。
❷「基本設定」をクリック。

❶月額決済可能残額
❷銀行・PayPal・代引きのうち、有効にするものをクリックしてチェックを付けます。
❸入力必須です。送料がかからない場合も「0」を入れます。

送料無料価格		円以上なら送料は無料とする	― ❹
送料無料商品数		個以上なら送料は無料とする	― ❺
代引き手数料 [必須]	10,000円未満	0	円
	10,000円以上〜30,000円未満	400	円
	30,000円以上〜100,000円未満	600	円
	100,000円以上〜300,000円まで	1000	円

振込先口座 ― ❻

お届け予定日とお届け予定時間の指定
○ 指定させない
○ 日付と時間を指定 ― ❼
○ 時間だけを指定

購入と同時に読者登録を促す
☑ - リザスト/アメブロで一生涯働くITスキルを手に入れるメール講座　JWCA
□ - 成功する初めてのお茶会の開き方
□ - 「一生涯働くためのパソコンスキル」　ブログ集客プレ講座 ― ❽
□ - 『30の基本テンプレ』WEB集客ならおまかせ！あなたの想像を超える記事タイトルができる

購入後のサンキューメール　☑ 自分をBCCに入れて送る ― ❾

PayPal設定
PayPalカード決済を行う場合は設定してください。PayPalの設定はこちらを参考にしてください。

PayPal決済用　APIユーザー名	
PayPal決済用　APIパスワード	― ❿
PayPal決済用　署名	

⓫　[保　存]

❹金額を入れます。
❺個数を入れます。
❻銀行名・支店名・口座番号・名義人名（漢字・フリガナ）で記載します。
❼「指定させない」「日付と時間」「時間だけを指定」のいずれかを選びます。
❽商品が販売されたあとのメルマガやステップメールの設定ができます。
❾クリックしてチェックを入れると、購入後のサンキューメールを自分にもBCC送信できます。
❿PayPalの設定が終了していると連動されます。PayPalの3つの項目が入っていれば設定完了です。
　設定に関して、詳しくはP.157を参照してください。
⓫設定が終了したら「保存」をクリック。

7.6 商品を限定公開して会員だけに販売しよう

　商品を追加し、料金などの基本設定をしたら、ブログやHPで早速販売できるように設定します。その前に、公開、または限定公開の状態でURLをクリックし、確認をしてみましょう。

　「準備中」の場合、URLをクリックしてもエラーになります。

❶「物販」→「商品一覧/在庫管理」をクリック。
❷「準備中（非公開）」「受付中（公開）」「限定公開」があります。クリックして「公開」にしてから確認します。
❸商品URLをクリックすると、ショップページが表示されます。
❹表示を確認したら「限定公開」に設定します。

限定公開の場合は、会員にしか見られない特別販売のサイトにできます

7.7 商品の入金処理と領収証を送ろう

入金確認メールを送ろう

　商品のお申し込み後、入金確認メールを送ります。メール送信の画面に切り替わります。メール本文には領収証のURLが自動的に入っています。

❶「物販」→「注文管理」をクリック。
❷「入金確認済みにする」をクリックすると、下の画面が出てきます。
❸「詳細」をクリックすると、次のページの領収証画面が表示されます。

領収証の宛名や但し書きを変更しよう

　入金確認メールは、ひな形が用意されています。
　領収証の宛名を変更したり、但し書きを追加できます。空欄の場合、申し込み名がそのまま入ります。

❶お届け予定日を入力。
❷クリックすると領収証が表示されます。

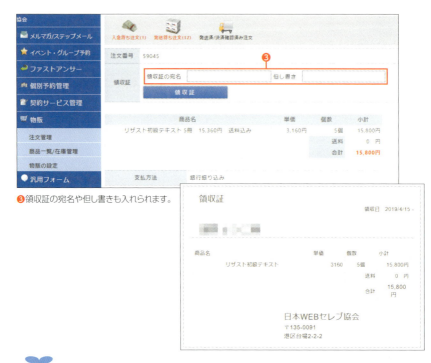

❸領収証の宛名や但し書きも入れられます。

7.8 商品を分類して、わかりやすく表示しよう

商品が増えると探しにくくなりますので、カテゴリ別に表示しましょう。

新しいカテゴリを登録しよう

❶「物販」→「商品一覧/在庫管理」をクリック。　❸「商品カテゴリの追加」をクリック。
❷「商品カテゴリ一覧」をクリック。

❹カテゴリ名を入力。
❺「ファイルを選択」をクリックして画像を挿入。
❻「登録」をクリック

商品を関連づけよう

　カテゴリを登録すると、「商品カテゴリ一覧」の「商品カテゴリ編集」に先ほど作成した「テキスト」が表示されます。

❶「物販」→「商品一覧/在庫管理」をクリック。
❷「商品カテゴリ一覧」をクリック。
❸「リザスト講座関係」の「商品を関連付ける」をクリック。

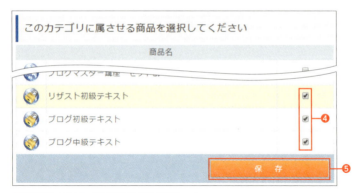

❹ 「テキスト」のカテゴリに関連づけるものをチェック。
❺ 「保存」をクリック。

できあがりのイメージ

7.9 PayPalを使って自動的に支払いを受け取る設定をしよう

○ PayPalアカウントをビジネスアカウントにアップグレードしよう

あなたのPayPalアカウントを、ビジネスアカウントにアップグレードする方法を説明します（詳細の案内は「全体設定」→「PAYPAL連携」の「設定はこちらから」でも閲覧できます）。

PayPal (https://www.paypal.com) にアクセスし、ログインします。
右上の設定アイコンをクリックして「プロフィール設定」を選択します。
その後の案内に従って、アップグレード手続きを完了させてください。

❶右上の「歯車マーク」をクリック。
❷「アカウントのアップグレード」クリック。

○ API証明書を発行しよう

PayPalのアカウントをアップグレードできたら、API証明書を発行します。

❶「ツール」をクリック。
❷「すべてのツール」をクリック。

❸「支払いAPIの認証情報」をクリック。

支払APIの認証情報の設定を行います。

❺「ショッピングカートまたは〜API署名を請求してください」をクリックしてチェックを入れます。
❻「同意して送信」をクリックします。

❹「API認証情報の管理」をクリック。

❼クリックして、それぞれを表示します。

リザストとPayPalを連携しよう

リザストの各項目へ貼り付け、保存をクリックします。
参照元：http://reservestock.hatenablog.jp/entry/2016/09/09/223102

❶「全体設定」→「PayPal連携」をクリック。
❷各項目へ貼り付けます。
❸「保存」をクリック。

STEP8

お客様とのコンタクトがスムーズに!
いろいろなフォームを作ろう

8.1 このSTEPで作成するフォーム

　リザストでは、いろいろなフォーム（リザスト用語：汎用フォーム）を作ることができます。例えば、以下のようなものがあります。

- ・問い合わせフォーム
- ・アンケートフォーム
- ・感想フォーム
- ・会員向けサイト

- ・日時が決まっていない講座
  （参加者さんを募ってから開始する講座）
- ・エントリーフォーム
- ・有料申し込みフォーム（PayPal決済のみ）

ここでは、以下の2つのフォームを作成します。
作り方次第では、次の講座へ申込が入るフォームを作成することもできます。

❶基本の「アンケートフォーム」（リザスト／アメブロ質問箱）
❷講座と連動した「講座感想フォーム」

8.2 ❶アンケートフォーム「リザスト/アメブロ質問箱」を作ろう

できあがりのイメージ

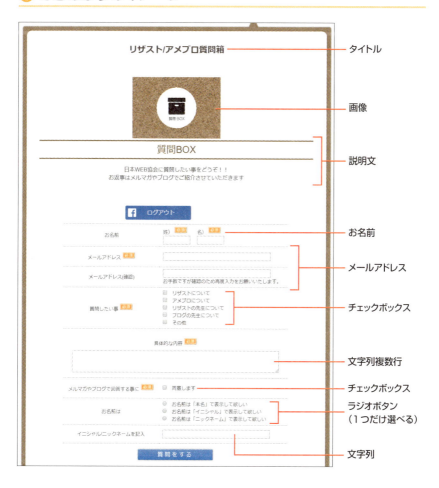

アンケートフォームの作成画面を表示しよう

❶「汎用フォーム」→「汎用フォーム一覧」をクリック。
❷「フォームの作成」をクリック。

❸フォームのタイトルを入力（ここでは「リザスト/アメブロ質問箱」）。
❹「作成」をクリック。

アンケートフォームの基本設定をしよう

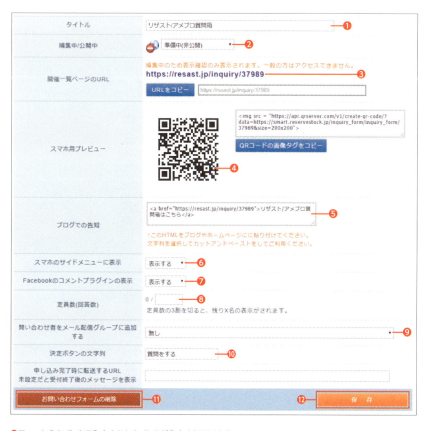

❶フォームのタイトルで入力されたタイトルが入力されています。
❷「公開」「限定公開」「非公開」が選べます。
❸フォームの完成後、URLをクリックすると、実際の画面で表示されます。
❹スマホでQRコードを読み込むことで、フォームが表示されます。
❺ブログでの告知方法については、P.74を参照してください。
❻スマホのサイドメニューにフォームを表示するか、非表示にするかが選べます。
❼お客様がコメントした内容を、Facebookのタイムラインに表示するプラグインです。「表示」「非表示」を選べます。
❽アンケートに答えられる定員（回答数）を決められます。
❾メルマガやステップメールなど、配信グループを選択できます。
❿例えば「質問する！」など、好きな表現に変更できます。
⓫作成したフォームを削除できます。
⓬「保存」をクリック。

💍フォームのランディングページを編集しよう

❶好きな画像をクリック。
❷「画像アップロード」をクリックして、オリジナル画像をアップロード。
❸アップロードされた画像を貼り付けます。
❹枠線を使い、キャッチコピーを入力。
　例）質問BOX

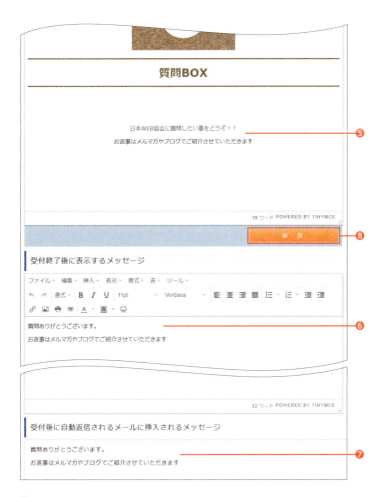

❺説明文を入力。
　例)
　日本WEB協会に質問したいことをどうぞ!!
　お返事はメルマガやブログでご紹介させていただきます。
❻受付終了後に表示するメッセージを入力。
　例)
　質問ありがとうございます。
　お返事はメルマガやブログでご紹介させていただきます。
❼受付後に自動返信されるメールに挿入されるメッセージを入力。
　例)
　質問ありがとうございます。
　お返事はメルマガやブログでご紹介させていただきます。
❽「保存」をクリック。

アンケートフォームの入力項目を設定しよう

アンケートに答える人が入力する項目を設定します。

❶「入力項目の編集」をクリック。
❷名前（苗字・名前）は「必須」のままにします。
❸メールアドレスは「必須」のままに。
❹表示する項目の場合は、空欄に理由を入力すると、登録率が上がります。
❺設定が済んだら「保存」をクリック。

❶追加する要素のタイプを選択します。
❷「項目を追加」をクリックし、項目の内容を入力していきます。「プルダウン」「文字列」「文字列複数行」「チェックボックス」「ラジオボタン」「ラベル」の6種類があります。

8.3 追加項目の6つの名前と役割を覚えよう

フォームの各要素「プルダウン」「文字列」「文字列複数行」「チェックボックス」「ラジオボタン」「ラベル」について、役割を確認しておきましょう。

前の8-2の最後で「項目を追加」した状態が、以下の画面です。

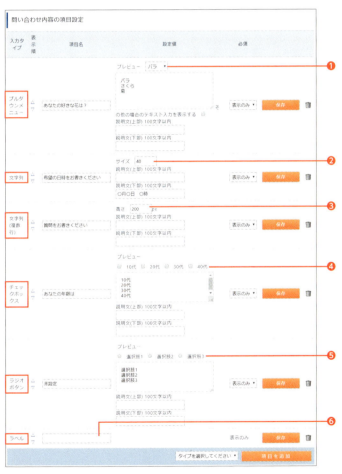

❶「プルダウン」はボックスから1つだけ項目を選んでもらうときに使います。
❷「サイズ」40の数字を変更すると、枠の幅が変わります。
❸「サイズ」200の数字を大きくすると、多い文字列が入力できます。
❹「チェックボックス」は複数の項目を選べます。
❺「ラジオボタン」は1つだけ選べます。
❻「ラベル」は空白行に入れた文字が表示されます。

8.4 ❷「講座感想フォーム」を作成し、自動で送信できる設定をしよう（上級編）

　イベントや個人セッションを受講した後の感想フォームを作り、講座が終わった後に自動で届くように設定します。

できあがりのイメージ

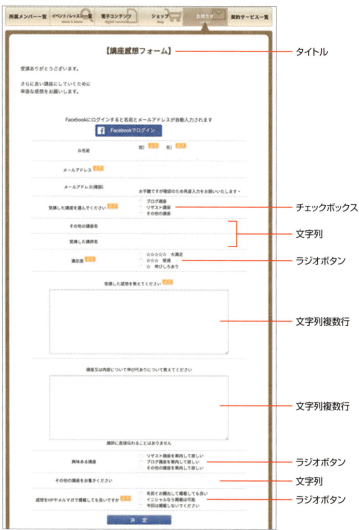

講座終了後にフォームを送る設定

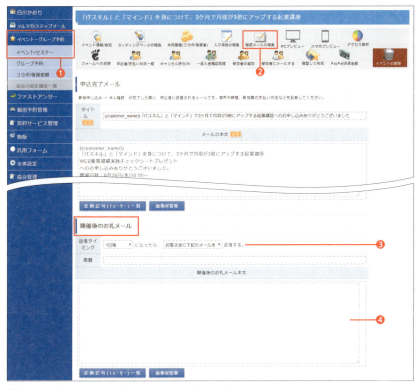

❶「イベント・グループ予約」→「イベント/セミナー」をクリック。
❷「確認メールの編集」をクリック。
❸「開催後のお礼メール」で「お客様に下記のメールを」を選択。
❹メール本文の入力欄に、作成したフォームのURLを入力し、講座感想フォームを入れます。

個人セッション終了後にアンケートフォームを送る設定

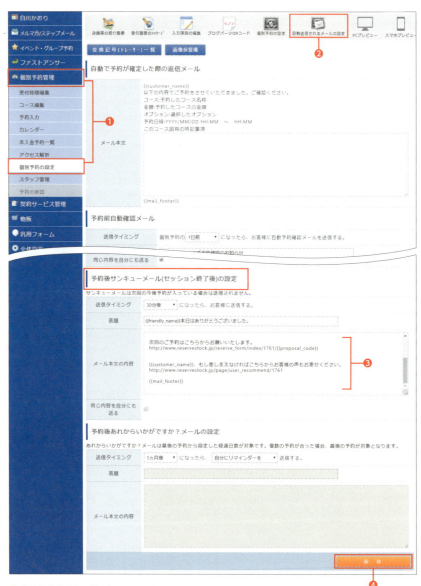

❶「個別予約管理」→「個別予約の設定」をクリック。
❷「自動送信されるメールの設定」をクリック。
❸「予約後サンキューメールの設定」に作成したフォームを入れる。
❹「保存」をクリック。

8.5 汎用フォームの便利な使い方

お問合せを一覧で表示しよう

❶「汎用フォーム」→「汎用フォーム一覧」をクリック。
❷「問合せ一覧」をクリック。
❸問い合わせの一覧が表示されます。
❹クリックするとCSV形式でダウンロードできます。

⌾お問合せをいただいた方全員に一斉メールを送ろう

❶「問合せ者にメールする」をクリックして、メール作成画面を開きます。

❷「メールの表題」を入力。
❸本文を入力。
❹「今すぐ送信」をクリック。

STEP9

高額商品の販売や定額サービスの提供もラクラク！月額／年額・分割契約をつくろう！（契約サービス管理）

9.1 リザストの便利な契約サービス管理

　お客様が増えてくると、月額/年額サービスや、高額サービスを提供する必要も生まれます。そんなときにも、リザストはあなたの強い味方です。なんと、自分で設定・運用するにはとても面倒な、次の4つのサービスの仕組みを作ることができるのです。

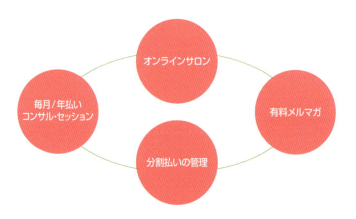

　月額・年額サービス（定期支払契約）と分割払いを設定できます。
　PayPalと連動できるため、自動でカード決済ができたり、期日までお支払いがない方に、自動で催促メールを送ることも可能です。契約更新時の自動請求書のメールなどの難しい書面も、ひな形として入っていますので、とても便利です。

❶月額/年払い（定期支払契約）
【活用例】
- 月、年契約のコンサル・セッション料金のお支払い
- 毎月課金制の有料メールマガジン
- オンラインサロンの会費
- 協会運営の入会金/年会費

❷支払い回数の決まったサービス（分割払い契約）
【活用例】
- 総額12万円の商品を毎月1万円ずつ12回払いで受領したい場合
- 3ヵ月契約など、期間が決まっているサービス提供
- 定めた期間の解約を受け付けない商品

月額サービス成功事例

花嫁プレスクール
経営者妻スクール校長　村田弘子さん

❶月額サービスをしようとしたきっかけを教えてください

　忙しい受講生さんが、銀行に会費を納めに行くのが面倒という声や、お勤めの方にはインターネットバンキングをしている方が少なかったため、PayPal連動の月額サービスを作りたいと思っていました。

❷作成してみてどうでしたか？

　受講生さんが、銀行に月会費を振込に行くたびに、「婚活を続けるのはどうしよう」「退会しようかな」と思っていたようですが、おかげさまで退会者が減りました。

国際ブレイン・アップデート協会さん

❶月額サービスをしようとしたきっかけを教えてください

　以前は受講料などのお支払いは一括払いのみで、分割払いをご希望の方はPayPalでクレジットカード決済いただき、ご自身で「あとからリボ」等のサービスをご利用いただいておりました。

　そのため分割払いご希望の受講生さんにはご不便をおかけしておりましたので、もっと簡単な分割払いができないかと検討しておりました。

　そのときに分割払い決済できるシステムがリザストに追加となり、活用させていただいております。

❷分割サービスを作成してみてどうでしたか？

　当協会で開催している講座や、販売している商品をより多くの方に届けることができるようになったと実感しております。

　また月会費でお支払いいただいている「オンラインサロン」についても、スタッフの手間をかけることなく毎月の会費を漏れなくお支払いいただいており、省力化にも役立っています。

9.2 入会金3,000円・毎月3,000円のコミュニティを作ろう

できあがりのイメージ

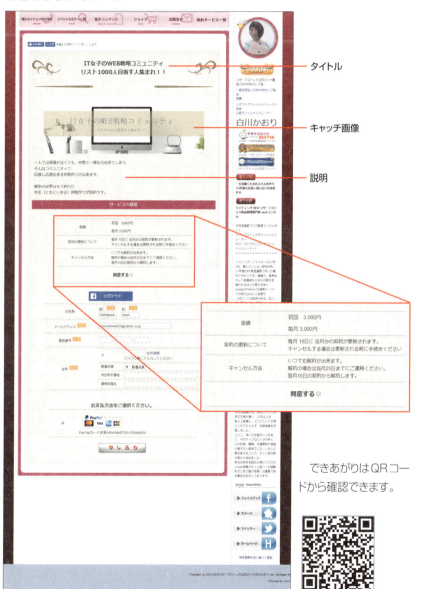

できあがりはQRコードから確認できます。

STEP 9　高額商品の販売や定額サービスの提供もラクラク！月額／年額・分割契約をつくろう！（契約サービス管理）

9.3 実際に作成してみよう

では作成していきましょう。

『定額月額』IT女子のWEB戦略コミュニティは、「入会金3,000円」「月額3,000円」です。

これを事例に、以下の流れで作成します。

❶契約内容を設定しよう

❶「契約サービス管理」→「契約締結サービス一覧」をクリック。
❷「新規作成」をクリック。

❶必須事項です。定期支払契約か分割払い契約になります。ここでは「定期支払契約」を選択。

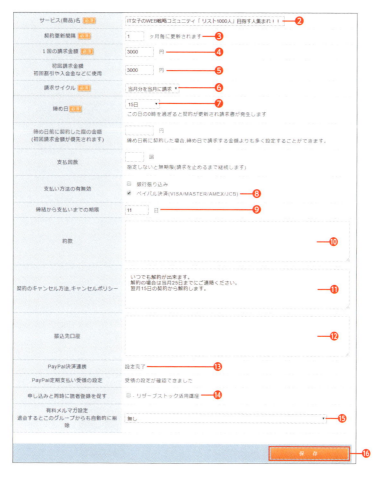

❷サービス名を入力します。ここでは以下の通り。IT女子のWEB戦略コミュニティ[リスト1000人目指す人集まれ!]
❸毎月ごとなので「1」と入力します。
❹毎月の請求金額を「3000」と入力します。
❺入会金として、初回請求金額を「3000」と入力します。
❻「当月分を当月に請求」か「翌月分を当月に請求」を選択します。
❼「締め日」「契約した日」「1日」「10日」「15日」「20日」「25日」から選択します。
❽「銀行振り込み」か「PayPal決済 (VISA/MASTER/AMEX/JCB)」を選択します。
❾契約成立までの期間を設定できますが、ここでは「11」日と入力します。
❿この契約サービスに関する約款を入れます。
⓫例)いつでも解約ができます。解約の場合は当月25日までにご連絡ください。翌月15日の契約から解約します。
⓬銀行名/支店名/普通/口座番号/口座名義人の順番で記入します (ここではPayPalのため空欄です)。
⓭PayPal設定 (P.157参照) が完了していれば、「設定完了」と表示されます
⓮ご自身のメルマガまたはステップメールを設定します。申し込みと同時に読者登録されます。
⓯この契約サービス専用に設定したメルマガ、ステップメールが選べます。退会すると、このグループからも自動的に削除されます。
⓰設定がすべて済んだら「保存」をクリック。

179

⏱ ❷ ランディングページを作成しよう

ヘッダー画像を選択しよう

STEP2（P.46）を参照してください。

あと半分くらいです
がんばれ！

「契約締結サービスのランディングページ」を設定しよう

無用なトラブルを防ぐためにも、最低限のルールを決めておくことをおすすめします。
以下のような内容を入力します。

運用の目的・運営対応時間・禁止事項・注意事項・問合せ先

「申し込み確認後ブラウザに表示されるメッセージ」を入力しよう

以下のような文章を入力します。

❸契約締結時の返信メールを作成しよう

ひな形があらかじめ入っています。必要に応じて追記、編集してください。

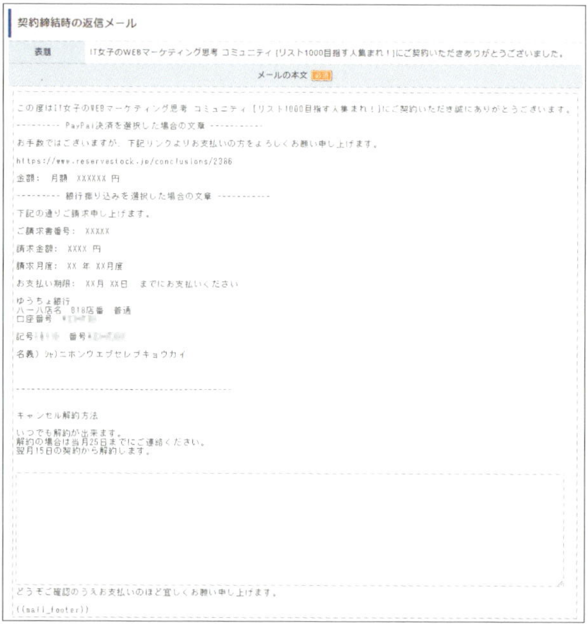

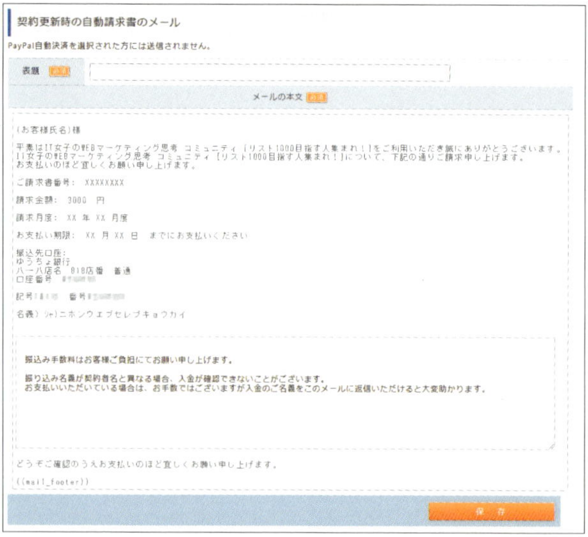

❹名前やメールアドレス、必要項目を作成しよう

　お客様に登録していただく必要な情報を設定します。任意の入力項目については、STEP3（P.167）を参照してください。

❺できあがったら公開にしよう

　限定公開にすることで、特定の人だけが見られる設定にすることもできます。

公開、限定公開を選べます。

9.4 契約状況の確認・解約などについて

契約者の一覧を表示して、確認や解約の処理をすることができます。

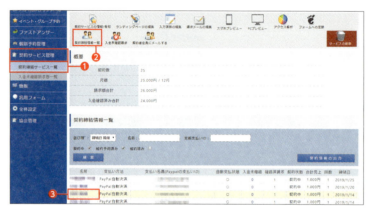

❶「契約サービス管理」→「契約締結サービス一覧」をクリック。
❷「契約締結情報一覧」をクリックすると、契約者一覧が表示されます。
❸解約の場合は、「名前」欄の該当者をクリック。

❹お客様の契約情報が表示されます。「契約状態」の「解約予約する」をクリック。

9.5 ○○講座15万円を3回分割での契約にする場合

契約サービスの内容を設定しよう

❶「商品種別」で「分割払い契約」を選択。　❷サービス名を入力。
❸「契約更新間隔」に「1」と入力。　❹「1回の請求金額」に「50000」と入力。
❺「支払日」で「1日」を選択。　❻「支払回数」に「3」と入力。

確認して公開しよう

「公開」または「限定公開」で確認します。「告知ページのURL」か「PCプレビュー」をクリックすると、下の確認画面が表示されます。

お申し込みページ

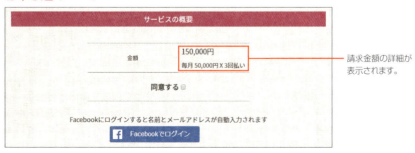

請求金額の詳細が表示されます。

STEP 9　高額商品の販売や定額サービスの提供もラクラク！月額／年額・分割契約をつくろう！（契約サービス管理）

リザストユーザー145人の「理念」

142ページの続きです！

◆Universal ∞ Grace (Tomoko)　地球で生きづらいと感じている人のQOLの向上を様々なベクトルからサポートします　◆SkyLa Aki　あなたの眠った才能の原石を見つけ、一緒に磨き輝き合う世界を実現する！　◆津田涼子　質の高いセラピーを医療従事者に提供し、医療の限界をサポート。喜ばれる悦びを共有する仲間と共に社会に貢献する　◆天結心月　一人一人それぞれの才能を活かして、輝ける世界を造る　◆鳥成優一郎　すべての人に、心身の健康と、自分らしい生き方を取り戻せる空間を、オンライン/オフラインで提供すること　◆あだちママカフェ（運営：NPO法人アンドスプーン）　団体理念：女性をとりまく環境や未来を担う子どもたちを支える活動。　◆中島麻衣　幸せなカップル、夫婦を増やし、あなたじゃないとダメとパートナーを虜にさせ続ける女性を増やす　◆永渕佐和子　疲れ知らずのカラダに整える～カラダの不調を解消しココロを癒して素敵な笑顔に～　◆中村まり　活かし合うチーム作りで「身軽な経営」を叶え、気持ちよく働く　◆勇気づけ子育てアドバイザー中村ゆき　子育てのイライラを減らす子供の対応やあり方を知ってママ自身の人生も楽しんで欲しい　◆野津美絵(のっちゃん)　他人が何と言おうと、自分を信じ、自分が心の底からやってみたいと思うことにチャレンジする人を応援する！！　◆コミュニケーションスキル協会 代表理事 野中アンディ　伝える力を学んで成功への扉を開く　◆はしもと　なおこ　全ての人が自分の本当の想いを見つけ、こころ穏やかに笑顔で毎日を過ごして欲しい。　◆はたのかずみ　自分の伝えたいことを届けて笑顔になるひとを増やす起業家さんを応援する　◆女性起業家専門　花澤由華子　「家族との時間を大切にしながら自分の時間も充実させる働き方・ライフスタイル」　◆温め美容　オンセラピー　濱 恵美　オンセラピーのオン＝"温め　"温"穏やかにする　"穏"元気のスイッチを入れる「ON」そして私から恩返しの「恩」　◆濱田恭子　(社)日本マインドワーク協会　子どもの世代に残せるものを。すべての人がそれぞれの分野で個性や才能を生かしていくことが世界を変えていく　◆一般社団法人エディブルフラワープロモート協会代表理事　原졲緒美　エディブルフラワー（食べられる花）で創り出す女性の活躍の場　そして広がる食スタイル　福岡産のエディブルフラワーを女性と福祉の架け橋として全国へ広げていくこと　◆「おうちサロンの作り方　治療院・サロン開業レッスン」主宰　平井アスカ　女性セラピストが安心してお仕事ができる仕組み化、正当な報酬を得ながら施術に専念できる方法をお伝えします　◆（社）日本知育玩具協会　藤田篤　Good Toy! Good Life! よいおもちゃの 与え方のメソッドで　日本中を幸せに　◆藤懸るり子　大人も子どもも自由な発想で夢を描ける「英語バリアフリー社会」の実現に貢献する　◆もり　かずみ　自分を好きになれない女性が自分を好きになる、愛されて大切にされるような素敵なパートナーシップを築くことで、人生最高の幸せをつかむ！　◆へんみなおこ　すべての人とペットが笑顔がいっぱいの幸せになる　◆真輝ヴェリテ　一生自分の足で歩き、自由に好きなところへ行ける喜び　◆松井　るみ子　誰かに教えてもらうより、自分で創り上げるビジネスへ　◆コスミックライトセラピー　枠を外して、この宇宙で唯一無二の存在としてスピリチュアルに自由に豊かに生きる波動調整をた。　◆天命発見コンサルタントISAO　全ての人が自分のままでクリエーター（創造主）として生き生きできる世界を創り　◆HappyNaoko　https://www.reservestock.jp/page/reserve_form_week/14724　◆整理収納アドバイザー　松本文江　「片づけ/整理収納」を通して、人の幸せな未来へのサポートをします。　◆三浦栄紀　人生を楽しく健康で過ごす為に、私たちは運動指導者を育てる講師をサポートし、輝く未来を応援します　◆水葵暁子　自分らしく生きるだけで愛されて、存在が仕事になる　◆皆かわさとみ　良い氣・良いエネルギーを発信できる人を育てる　◆CREDO　本気で変わりたいあなたのために～潜在意識を書き換えて本当の自分を生きる方法を知る　◆村田弘子　子ども・夫・自分をプロデュースしながら輝く女性の生き方をお伝えします　◆森林かずき　自分の輝きをとりもどそう　自分の人生をいきること。自分が輝くと世界も輝く。　◆一般社団法人日本おうち整体協会　理事　柳敦子　家庭から社会を平和にしていくためにできることをコツコツと実践！　◆キャリアエデュケーション協会　代表理事山下エミリ　幸せなママを育成し全ての子ども達が幸せな輝く未来へ。　◆一般社団法人 思考の学校　認定講師　山下 佳代　日々の暮らしのなかで思考が現実化するしくみを実践し、じぶんの力でじぶんを幸せにする方法をお伝えしています。『わたしがわたしを幸せにする＊思考のしくみ＊』　◆HILO　人生すべて「心地良く軽やかに生きる」の実現へむけてサポートする　◆山田 和子　当たり前の価値を見つけ子どもの未来を応援　◆山花 聡　夢や目標の実現のために脳から心を育てるメンタルトレーニングにより、夢の実現のお手伝いをします。　◆Eiko　ママの笑顔が世界を救う！？　明るい未来を創造する賢く元気な子を育てる幸せサポート　◆山本果奈　目の前のたった1人の人を大切にするために　◆山本美穂子　ハートの奥の扉を開き、自分を癒し、本当の自分自身を取り戻すお手伝いをしています　◆吉田美穂　「80歳になっても高額納税できる！未来のスーパーばーちゃんを100人育てる！　◆吉野友子　お客様がありのままの自分を好きになり、自信を持って自分を大切にできるようお手伝いできるサロンオーナーです。　◆米澤かずえ　自己肯定感を高め幸せな女性を増やす。　◆マザー　生き辛さを抱えていても昨日よりちょっとだけ笑顔になれる。いくつになっても夢見ていいし夢は叶うと信じて笑顔で暮らす。そんな笑顔溢れる輝く未来を信じあえる仲間たちと作っていきます。　◆涌波 理絵(わくなみりえ)　二世代先まで感性豊かに幸せに豊かに生きる人を増やす　◆わたなべかなこ　ありのままで音楽を楽しめる場所、自分の感性を信じて、のびのびと音を楽しむ場所をつくること。　◆MALIKA（渡辺マリカ）　服を使って世界中の人を幸せにする　◆渡辺みか　「どんなお悩みも、生きている饗びに通じることを伝え、すべての人が輝ける社会を作る」　◆琴星　哉珈　大好きな自分をみつけてキラキラした日々に　◆森優洵　人として最高の理想的で豊かな生き方で世界を幸せにする

STEP10

組織が大きくなっても対応できる！
協会・団体の運営に活用しよう！
（協会管理機能）

10.1 コミュニティの運営を助ける「協会管理」機能とは?

「協会管理」機能を活用するメリット

- 認定講師と協会が互いに応援できて、協会全体で発展できる
- 協会としての認定講師として認められて、活躍できる

協会・団体として、育成した講師に認定資格などを発行したり、組織的に活動しているコミュニティの運営管理にとても役立つ機能です。
この「協会管理」機能を活用すると、「協会・事務局」と「認定講師」それぞれに大きなメリットが生まれます。

協会・事務局のメリット
- 協会側でメルマガを送るだけで認定講座の案内・集客ができる
- 現在開催している認定講座を把握でき、集客状況がリアルタイムでわかる
- 売上管理(「教材」「講座代金」「年会費」) ができる

協会・認定講師のメリット
- 講座作成が苦手な講師でも、認定講座の案内を簡単に作成できる
- 講座代金などのお金の流れがお互いに確認できる
- 講座後の個別フォローが協会側と認定講師両方でサポートすることができる

多くの法人が活用している

協会管理機能は、無料版ではお試しすることができません。エキスパート版以上で使うことができます。

登録する認定講師は、リザストアカウントが必要となりますが、無料版から利用できます。
多くの法人(一般社団法人、NPO法人、任意団体など)で利用されています。

「協会管理」機能を活用している法人の一例

- 一般社団法人　ジャパンストレスクリア・プロフェッショナル協会
- 一般社団法人 日本おうち整体協会
- お金のソムリエ協会
- 一般社団法人 日本親勉アカデミー協会
- 一般社団法人 スピリチュアルマスターアカデミー
- 一般社団法人 HITキャラクトロジー心理学協会
- 一般社団法人 日本マヤ暦セラピスト協会
- 非営利型一般社団法人 不動産投資家育成協会
- 一般社団法人 思考の学校
- 一般社団法人 だしソムリエStyle
- 一般社団法人 ANCA自律神経ケア協会
- 一般財団法人 日本美容鍼灸マッサージ協会
- 一般社団法人 日本マインドワーク協会
- NPO法人マザーズコーチ・ジャパン
- 一般社団法人 日本プロセラピスト協会
- 日本メンタル美容協会
- 一般社団法人 コミュニケーションスキル協会
- 一般社団法人 笑い文字普及協会
- 一般社団法人 日本知育玩具協会
- 一般社団法人 日本女性コーチ・カウンセラー協会
- 一般財団法人　日本美容鍼灸マッサージ協会
- 月瞑想協会
- 一般社団法人 日本図解協会
- 日本温灸温活協会
- とにかく明るい性教育【パンツの教室】
- メルマガ大学
- 日本クリエイティブマインド協会【UE】
- 潜在意識マネージメント協会
- リザストオフィシャルトレーナー協会
- 一般社団法人 日本WEBセレブ協会

（順不同　敬称略）

STEP 10

組織が大きくなっても対応できる！協会・団体の運営に活用しよう！（協会管理機能）

この他にも、活用している法人がたくさんあります！

協会管理成功事例

○一般社団法人日本おうち整体協会
池本真人代表理事

❶協会管理をなぜ利用されようと思いましたか

インストラクターさんたちが活動しやすくなるために最適なシステムだと感じたからです。さらに白川さんのサポートもあったことによる安心感が、何よりの後押しになりました。

❷協会管理機能を使って良かったところ

協会が一度講座内容などを作ってしまえば、インストラクターさんたちが簡単に講座作成ができるということです。また協会のメルマガにも自動的に掲載されることで、インストラクターさんたちの講座につながることもあり、使い勝手の良さを実感しています。

❸認定講師さんの講座

リザーブストックを使うようになったことで、インストラクターさんたちが講座の募集などをしやすくなり、積極的に活動して下さる方も出てくるようになりました。
また協会が開催するインストラクターさん向けのイベントなどもリザーブストックでまとめて告知することで、協会側は伝えやすくなり、インストラクターさんたちは協会の動きを把握しやすくなるので、とてもありがたく思っています。

❹その他

最初は機能が多すぎて、ちょっと抵抗感があったのですが、白川さんにリザーブストックの使用方法のサポートをしていただけたことで、今では協会運営に必須のものとなりました。本当にありがとうございます。

一般社団法人ジャパンストレスクリア・プロフェッショナル協会　森理事長

❶ 協会管理をなぜ利用されようと思いましたか
- 協会発行のメルマガに、認定講師さん開催セミナー告知とリンクが自動発生されるため。
- メルマガリスト取得が協会と認定講師さんが同時でできる機能に期待。

❷ 協会管理機能を使って良かったところ
- 協会発行のメルマガに、認定講師さんの開催セミナーの告知とリンク先が自動的に表示される。この機能が本当に役立っている。
- 認定講師さんのプロフィール紹介も掲載できるのが良い。

❸ 認定講師さんはリザストを使えていますか
- 認定講師さんの講座が今どれくらい開催されているのかが、毎日のメルマガ発行時に確認できる。
- 講師さんの開催講座も協会メルマガで告知されるので、やる気が上がっている。

STEP 10　組織が大きくなっても対応できる！協会・団体の運営に活用しよう！（協会管理機能）

⚭ 一般社団法人 思考の学校　大石洋子校長

❶協会管理をなぜ利用されようと思いましたか

協会全体で支えるのがよいと思いました。

❷協会管理機能を使って良かったところ

　たくさんの機能があり使いこなせていませんが、協会員のみなさんがメルマガを配信しやすいシステムがついているのがありがたいなと思います。

❸認定講師さんはリザストを使えていますか

　講師さんの講座開催を把握しやすい。講師さんの発信の負担が、自分でHPを作って管理することに比べると大幅に少なくできるので、ありがたいです。

10.2 協会管理機能を開設しよう（協会側の設定）

エキスパートクラス以上で利用することができます。
STEP1と同様に、全体設定を整えていきます。

❶協会管理アカウントに切り替えよう

❶「全体設定」→「プロフィール」をクリック。
❷「提供サービスのタイプ」で「協会管理アカウントとして使う」を選択。
❸下部にある「保存」をクリック。

❷協会員のタイトル（役職）を決めよう

タイトルには、○○マスター／○○準講師／○○認定講師など、任意で決められます。

❶「協会管理」→「会員タイトル一覧」をクリック。
❷「タイトルの追加」の「タイトル名」に入力。
❸「追加」をクリック。

タイトル名の△▽で上下移動することができます。

❸認定講師（協会員）を追加しよう

協会員一覧のできあがり

❶「協会管理」→「協会員一覧」をクリック。
❷「協会員を新しく追加する」をクリック。

協会員の順番も変更できます。

リザストに招待しよう

登録されていない講師は、以下の方法でリザストに招待しましょう。

❶新しい画面が開くので、入力欄に「協会員に追加するお名前」を入力。
❷「検索」をクリック。
❸該当する講師が表示されたら、「協会員リクエストを出す」クリック。

❹協会員リクエスト送信画面が表示されます。
❺メールの内容を確認。
❻「メール送信」をクリック。

❼「協会員一覧」の画面上に名前が表示されます。

❹協会員のタイトル（役職）を決めよう

講師を追加したら、タイトルを設定します。
「協会員一覧」の画面で、該当する講師名の「編集」をクリックします。

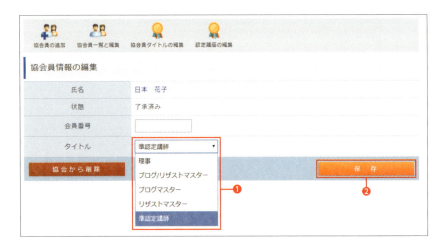

❶該当するタイトルを選択。
❷「保存」をクリック。

　講師が承認すると、「所属メンバー一覧」に表示されます。講師側の設定は、次の10-3で説明します。

10.3 協会の認定講師として「承認」しよう

承認するには2つの方法があります。

❶講師あてに届いたメールのURLをクリックして承認する

```
※ 【リザスト】一般社団法人日本WEBセレブ協会会員リクエストのお知らせ        文字サイズ： 小

赤川　さおりさん
一般社団法人日本WEBセレブ協会協会員としてリザストにて一覧されますので承認をお願いします。

リザストにログインして承認すると協会員になります。
https://resast.jp/associations/belongs_associations?login=pasokonno2@yahoo.co.jp

協会員になると
・赤川　さおりさんが協会員一覧のページに表示されます。
https://resast.jp/page/association_members/2559
```

❷講師側画面から承認する

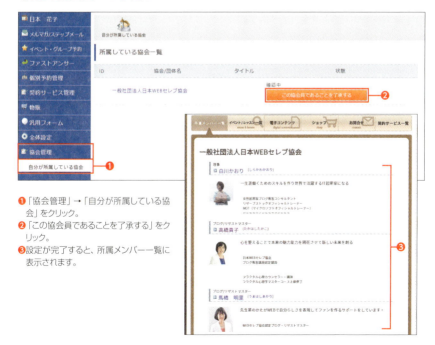

❶「協会管理」→「自分が所属している協会」をクリック。
❷「この協会員であることを了承する」をクリック。
❸設定が完了すると、所属メンバー一覧に表示されます。

STEP 10 協会・団体の運営に活用しよう！（協会管理機能） 組織が大きくなっても対応できる！

197

10.4 協会としての認定講座（公式セミナー）を作成しよう

認定講座（公式セミナー）を作成しよう

　講師を登録したら、次は認定講座を作成します。作成した講座は、認定講座として講師側のイベント作成画面に反映されます。講座（イベント）の新規作成については、STEP2の「イベント」(P.40)を参照してください。
　「イベント / グループ予約」→「イベント / セミナー」→「新規作成」をクリックします。

認定講座開催のポイント

・公式講座名には「ひな形」とわかる名前をつけましょう。
　例）ひな形ブログ認定講座
・作成した講座は「非表示」にします。

公式講座を認定講座として設定しよう

❶「協会管理」→「認定講座一覧」をクリック。
❷「公式セミナー（認定講座の種類）追加」に講座セミナーの名称を入力。
❸必要に応じて説明を入れます。
❹「テンプレートとするイベント」のプルダウンから、先ほど登録した公式講座を選択します。
❺「追加」をクリック。

10.5 認定講師が認定講座（公式セミナー）を開催する方法

認定講師自身が行う設定

イベントを作成します。

❶「イベント・グループ予約」をクリック。
❷「単発イベント」をクリック（初期画面）。
❸該当する日付をクリックして選択。

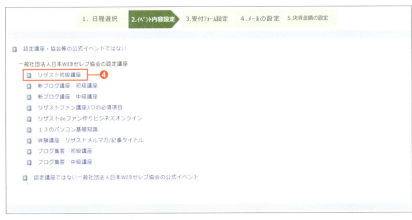

❹開催する認定講座（公式セミナー）を選びます。
　例）リザスト初級講座

STEP 10 組織が大きくなっても対応できる！協会・団体の運営に活用しよう！（協会管理機能）

199

先ほど作成した認定講座が、そのまま自動コピーで表示されます。
「次へ」と進み、最後に「公開」にします。

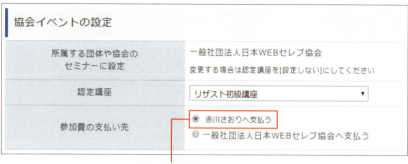

支払先を選びます。

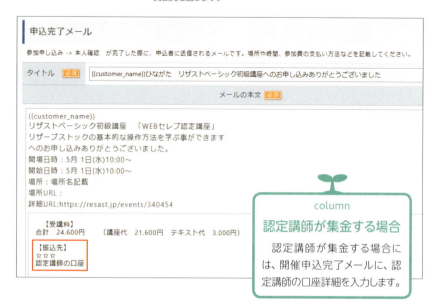

column
認定講師が集金する場合

認定講師が集金する場合には、開催申込完了メールに、認定講師の口座詳細を入力します。

10.6 認定講座の申し込み者を確認しよう

協会側の画面

❶「イベント・グループ予約」→「協会の認定講座一覧」をクリック。
❷「参加(本人確認中)/定員」に申し込み人数が表示されます。例) 2(0)/2 名
❸ 該当する講座名を選択。

❹「申込者/支払い状況一覧」をクリック。
❺ 申し込み者一覧が表示されます。
❻ 申し込みがあったページが表示されます。
❼ 入金状況が確認できます。

STEP 10 組織が大きくなっても対応できる！協会・団体の運営に活用しよう！（協会管理機能）

201

STEP11

便利な機能を使いこなそう!
リザスト活用編

11.1 リザストTOP画面の全体像

リザストのトップ画面は、左側メニューの「概要・ポータル」をクリックして表示します。トップ画面は、リザストのホーム画面です。講座の申込み状況や、ファンの数などで、あなたの現在の状況がわかります。

❶リザストで画像を使う場合、画像を入れる場所になります。

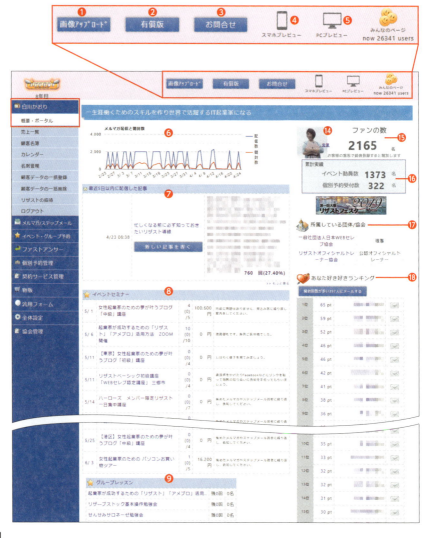

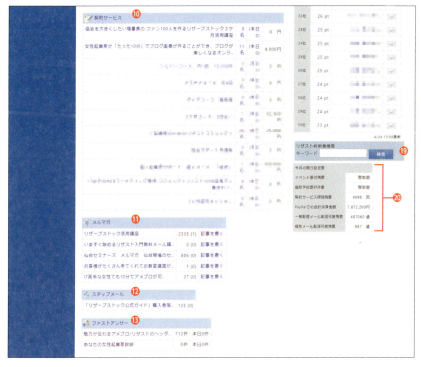

❷無償版の方は、有償版にアップグレードできます。
❸操作に関するお問い合わせは、有償版以上の方が可能です。
❹スマホでの表示がわかります。リザスト閲覧者の8割がスマホを利用しています。
❺パソコンでの表示がわかります。
❻過去2ケ月の記事数と開封数が、一目でわかります。
❼最近5日以内に配信した記事が表示され、開封者がわかります。
❽あなたのイベントの状況が一目でわかります。
❾グループレッスンの状況が確認できます。
❿契約サービスの状況が確認できます。
⓫メルマガの状況が確認できます。
⓬ステップメールの状況が確認できます。
⓭ファストアンサーの状況が確認できます。
⓮「変更」をクリックすると写真を変更することができます。
⓯リザストではお客様の意志で登録されたファンの数が表示されます。
⓰これまでのイベントと個別予約受付け数が表示されます。
⓱所属している団体/協会名が表示されます。
⓲メールを開封し、あなたに興味がある方のランキングが表示されます。また、開封率が多い方に一斉メールを送ることができます。
⓳リザストを利用している人を検索できます。名前を入れて、お友達が利用しているかチェックすることも可能です。
⓴イベントや個別予約、契約サービスなど、今月の残り限度数が一覧でわかります。

STEP 11 便利な機能を使いこなそう！ リザスト活用編

205

11.2 画面を大きく使おう

リザストの画面を使いやすくしましょう。
メルマガの画面や、イベントの画面の大きさを変更することができます。
画面を操作できることで、操作効率が格段にアップします。
変更するには、画面の右下の「□」の部分を上下にドラッグしてください。

メルマガ画面

ここをドラッグ

イベント画面

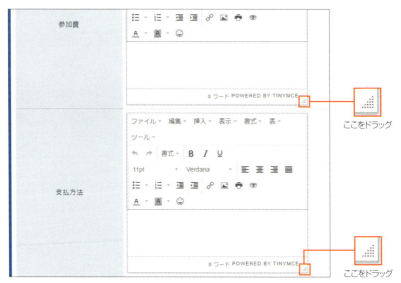

ここをドラッグ

ここをドラッグ

11.3 「見出し枠」や「囲み枠」の使い方

枠線とは「メルマガ」や「イベント」に標準で入っている「見出し枠」や「囲み枠」のことです。主にメルマガ・ステップメール・イベントなどで登場します。

枠線は、HTML表示で使用できます（文字メールはできません）。基本の使い方はみな同じです。

「見出し枠」「囲み枠」の設定

❶色を選びます。
❷デザインを選びます。

207

⏱ 枠線・囲み線の基本の使い方とは

枠線の中で、こんな失敗がありませんか？
これは、文章を入力し改行しようと「ENTER」を押したときに、よくある失敗です。

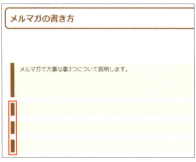

失敗：「ENTER」を押すと、次々に枠線が表示されてしまいます。

成功：本当はこうしたいですよね。

対処方法

キーボードの「SHIFT」+「ENTER」を使うと、枠線の中で改行されます。

⏱ 見出しや囲み枠を移動（切り取り）させる方法

右クリックの「切り取り」を使います。
選択（ドラッグ）が上手に行かない場合は、枠線と枠線の間に空白行を入れることで、選択（ドラッグ）ができます。

❶切り取りたい見出しをドラッグ（選択）。
❷右クリックして「切り取り」を選択。
❸移動したい場所に貼り付け。

見出しや囲み枠をソースコードを使って移動させる方法

　ここではメルマガのHTMLメールを例に説明していますが、イベントの枠線も同じように使います。ソースは基本、「始まりのソース」と「終わりのソース」の2つで成り立っています。

　　例）　<h2>　←　始まり
　　　　　</h2>　←　終わり（終わりは「/」が付きます）

❶「HTMLメール」タブになっていることを確認。
❷「ツール」→「ソースコード」をクリック。

209

他の枠線を使用したいときは？

```
<fieldset style="background:#E8ADAA; padding:10px; border:none;"><span style="color:#ffffff;">本文</span></fieldset>
```

```
<fieldset style="background:#ECC5C0; padding:10px; border:none;">
<span style="color:#ffffff;">本文</span></fieldset>
```

```
<fieldset style="background:#EDC9AF; padding:10px; border:none;">
<span style="color:#ffffff;">本文</span></fieldset>
```

◆「リザスト枠線」を検索してください。

```
<div class="l-border l-p-t l-p-r l-p-b l-p-l" style="margin:15px 5px;padding:10px;color:#333333;background:#E8ADAA;box-shadow:0 0 5px #E8ADAA;border:dashed 2px #ffffff;"><span style="color:#ffffff;">■</span></div>
```

```
<div class="l-border l-p-t l-p-r l-p-b l-p-l" style="margin:15px 5px;padding:10px;color:#333333;background:#ECC5C0;box-shadow:0 0 5px #ECC5C0;border:dashed 2px #ffffff;"><span style="color:#ffffff;">■</span></div>
```

```
<div class="l-border l-p-t l-p-r l-p-b l-p-l" style="margin:15px 5px;padding:10px;color:#333333;background:#EDC9AF;box-shadow:0 0 5px #EDC9AF;border:dashed 2px #ffffff;"><span style="color:#ffffff;">■</span></div>
```

11.4 メルマガを同じフレーズでいつも使えるテンプレートにしよう

オリジナルのテンプレートを作ろう

テンプレートにしておくと、メルマガを作成するとき、新規作成画面に定型文が入力された状態になっているので、とても便利です。

既存の設定では、下記のように、ヘッダー画像とプロフィール画像が表示されています。

既存のメルマガ

ヘッダー表示

プロフィール表示

オリジナルテンプレートできあがりのイメージ

オリジナルバナーに変更

朝に送ることが多いため「おはようございます」

いつものキャッチコピー

プレゼントテンプレ

⏱ テンプレートの設定方法

各メルマガごとに設定ができます。

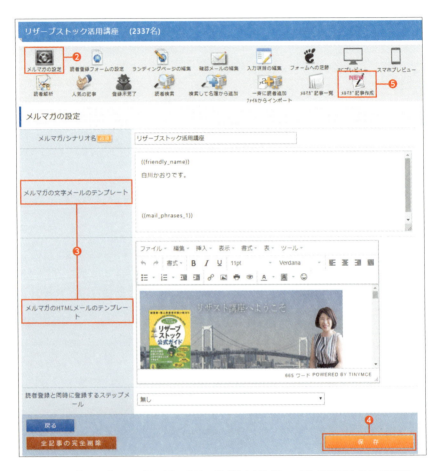

❶ 左メニューの「メルマガ/ステップメール」→「メルマガ一覧」をクリックし、一覧から該当するメルマガを選択。
❷「メルマガの設定」をクリック。
❸「文字メールのテンプレート」または「HTMLのテンプレート」に設定
❹ 設定が済んだら右下にある「保存」をクリック。
❺「メルマガ記事作成」をクリックして確認してみましょう。

11.5 入金処理をして領収証を送ろう

リザストでは、さまざまな場面でお客様からの入金が発生します。

たとえば、イベント参加者からの受講料金、ショップからの購入代金など。

PayPalで入金されたお客様にはPayPalから直接連絡が入りますが、あなたからの入金連絡が入ると、さらに安心されます。

リザストでこの入金のご連絡がワンクリックで実現。しかもお客様の宛名入りで領収証をメールで送ることができます。

「PayPalの自動送信」にチェックを入れておくと、自動で領収証付のメールをお客様に送信することができます。

イベントお申し込み者へ「入金処理」と「領収証」の発行方法

入金をいただいた方に、領収証をメールで送る方法です。

入金処理をすると、11-6の売上一覧に連動されるため、とっても便利な機能です。

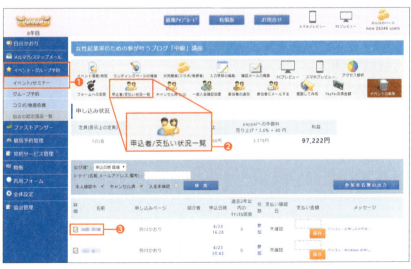

❶「イベント・グループ予約」→「イベント/セミナー」をクリック。
❷「申込者/支払い状況一覧」をクリック。
❸受講者名をクリック。

❹入金金額を入力。
❺入金方法を「銀行/PayPal/手渡し/ご招待」から選択。
❻入金日を入力。
❼「支払確認済にする」をクリック。「支払確認メール編集」の画面に切り替わり、ダウンロードできる領収証を送ることができます。
❽未入金の人には「催促メール」を送ることも可能。催促メールは、ひな形が入っています。

PayPalの入金確認メールの設定をしよう

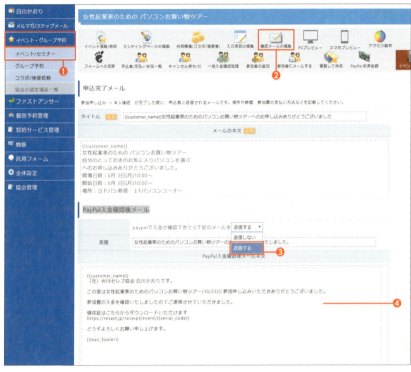

❶「イベント・グループ予約」→「イベント/セミナー」をクリックし、該当するイベントを選択。
❷「確認メールの編集」をクリック。
❸画面の一番下部「PayPal入金確認後メール」を「送信する」に設定。
❹ひな形が入っています。

11.6 「売上管理」と「顧客管理」

イベントや物販などの項目ごとに、月単位で売り上げを確認することができます。
なお、入金処理の方法は、11-5で解説しています。

「売上管理」とは

「自分の名前」→「売上一覧」を
クリックすると、現在の売上一覧
が表示されます。

売上をクリックすると、
その詳細がわかります
(以下の画面)。

「名前」「メールアドレス」いろんな検索をしよう

多様な検索方法で顧客名を表示することができます。たとえば東京で開催された顧客名の一覧や、最後のアクセスから1年以上・2年以上・3年以上音沙汰がない人などの検索もできます。

新規見込み客を集客するだけでなく、リピーターを獲得していくことがとても重要になってきます。

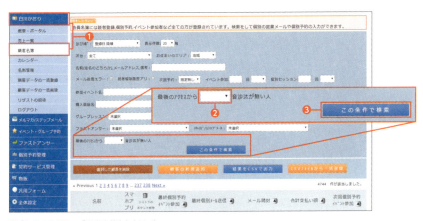

❶「自分の名前」→「顧客名簿」をクリック。
❷例)「最後のアクセスから○音沙汰が無い人」を「1年以上」にしてみます。
❸「この条件で検索」をクリック。

❹開封が1年前のリストが表示されました。

STEP 11 便利な機能を使いこなそう! リザスト活用編

217

11.7 オリジナルのヘッダーを作ろう

ここでは、「1160×400」サイズでリザストイベントヘッダーを作成します。
画像をアップロードし、リザストへ設定する方法も説明します。

画像作成ソフト「canva」(キャンバ) でヘッダーを作成しよう

「canva」の無料版で作成できます。リザストヘッダー1160(横幅)サイズで作ってみましょう。あらかじめ、「canva」と検索し、アカウントを作成しておきます。
ログインした状態で、作業を始めましょう。

できあがりのイメージ

❶ 新しいデザインを作成しよう

❶「デザインを作成」をクリック。

218

❷「1160×400px」サイズを入力。
❸「新しいデザインを作成」をクリック。

❹「テンプレート」をクリック。
❺「写真入り画像」を選択。
❻クリックすると、右のキャンバスに表示されます。

❷オリジナルの画像をアップロードしよう

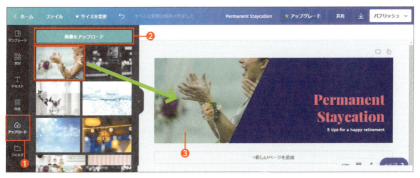

❶「アップロード」をクリック。
❷「画像をアップロード」をクリック。
❸アップロードされた画像を、右のキャンバスに移動（ドラッグ）すると、画像が変更されます。

❸タイトルを変更し、完成画像をダウンロードしよう

❶タイトルをダブルクリック。
❷タイトルを修正します。例）〇〇講座開催

❸「ダウンロードボタン」をクリック。
❹「ダウンロード」をクリックして、パソコンに保存します。

どんなヘッダーが
いいか分からない…
という人は、リザストの
他の人のヘッダーを
参考にしてみましょう！

ランディングページにイベントヘッダーを挿入しよう

canvaでオリジナルのヘッダーを作成したら、つぎはリザストに反映させます。

❶「イベント・グループ予約」→「イベント/セミナー」をクリック。
❷「ランディングページの編集」をクリック。
❸「自分の画像を使う」をクリック。

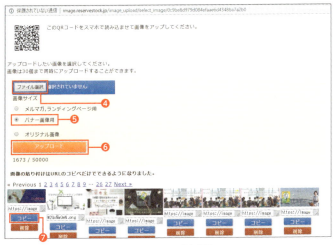

❹「ファイル選択」をクリックし、先ほど作成した画像を選択。
❺「バナー画像用」をクリック。
❻「アップロード」をクリック。
❼アップロードされた画像の「コピー」ボタンをクリック。

STEP 11 便利な機能を使いこなそう！ リザスト活用編

⑧「画像のURL」欄に貼り付けます。
⑨「画像の文字を消す」をクリック。
⑩「保存」をクリック。

完成形をPCプレビューで確認しよう

11.8 zoomで講座を開催しよう

オンライン会議システムには「スカイプ」や「zoom」がありますが、今回はzoomでのイベント開催方法をご案内します。

オンラインzoomとは

- URLを送るだけで接続が可能
- 100人まで、同時に参加することが可能
- 録画も可能。当日欠席された方も、録画で受講可能

zoomのアカウントを作成しよう

zoomのホームページにアクセスしよう

❶「https://zoom.us」にアクセス。
❷「サインアップは無料です」をクリック。

サインアップしよう

❸メールアドレスを入力してサインアップ。
❹サインアップしたら画面下部の「ダウンロード」をクリックして、デスクトップアプリをインストール。

zoomを開始しよう

❶プログラム一覧からデスクトップアプリを立ち上げます。
❷「ビデオありで開始」をクリック。

❸「コンピューターでオーディオに参加」をクリック。

❹ご自身の顔が表示されます。参加者が入ってくるのを待ちましょう。

受講者にURLを伝えよう

受講者の方にお伝えするURLを、固定に設定します。
メリット　：１つのURLでご案内ができるため、案内がとてもラク。
デメリット：固定URLのため、日時を間違えて入ってくる方がたまにいる。
※「スケジュール」から、都度スケジュールを設定してURLをご案内する方法もあります。

❶ zoom.usにログインし、「マイプロフィール」をクリック。
❷ 「http‥」が固定URLになります。受講者の方には、このURLをお伝えします。
❸ 「即時ミーティングにパーソナルミーティングIDを使用する」をチェック。
❹ 「変更を保存」をクリック。

受講者の方へお伝えする例文

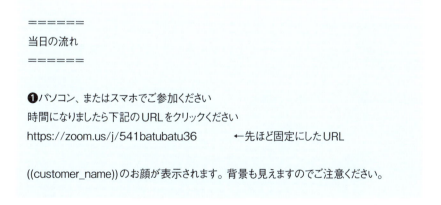

また（ビデオ）をOFFにすることも可能です。

ZOOMが初めての方
オンラインWeb会議システムZoomの使い方

●接続方法＜事前にダウンロードの準備をお願いします＞
■パソコンで参加する場合は、
こちらのルームURLにお時間になったらアクセスしてください。
https://zoom.us/j/541batubatu36

＊ルームURLをクリックするとインストーラーが自動的にダウンロードされ、それをクリックすると自動的につながります。＜1分～2分程度時間がかかります＞＊何も始まらないときは、「download & run zoom」をクリックしてください。事前にダウンロードをお願いします。

■スマホやタブレットで参加する場合iPhone・iPadの場合とその他の場合のアプリのダウンロード方法が変わります。＊iPhone・iPadの方は、こちらから無料アプリをダウンロードしてください。https://itunes.apple.com/jp/app/zoom-cloud-meetings/id546505307?mt=8

例文の設定箇所

❶イベントをzoomで開催する場合
　「確認メールの編集」→「申込完了メール」と「開催前確認メール」に設定します。

❷個人セッションの場合
　「個別予約管理」→「コース編集」→「このコース固有の特記事項」「予約受付時に自動返信されるメール」に設定します。

11.9 ペライチとリザストを連動させよう

ペライチにもリザストを連動し、申し込みをしてもらうことができます。

ペライチ画面

各リンクを設定。

❶ イベントページの URL

イベントページそのもののURL
https://www.reservestock.jp/events/321630

画面下部の「お申し込みはこちら」をクリックしたURL
https://www.reservestock.jp/page/show_entry_form/321630/

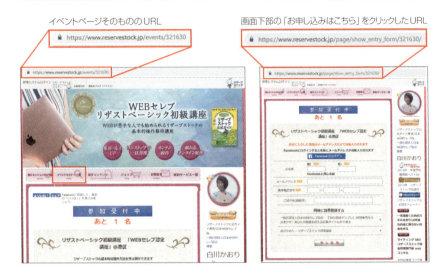

❷ 個人セッションURL

スマホプレビューの画面URLを設定します。

❸商品ページのURL

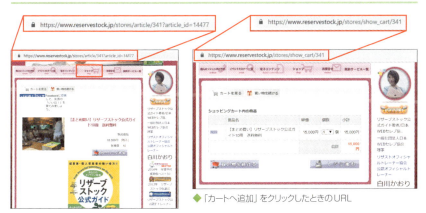

◆カートへの追加のURL

◆「カートへ追加」をクリックしたときのURL

❹お問合せページのURL

STEP 11 便利な機能を使いこなそう！ リザスト活用編

229

11.10 他社イベントサイトに連動しよう[栃ナビさんの場合]

全国のクチコミナビで、栃木の「好き」をつなげるクチコミサイト「栃ナビ」でも、リザストは利用されています。

他社サイトとリザストのイベントフォームを連動することができます。

「参加する」をクリックすると、リザスト申込フォームへ移動します。

栃ナビ!Kiss me!mama

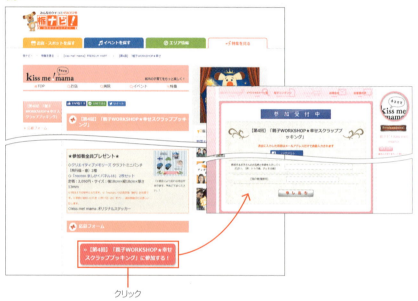

クリック

11.11 電子印影を作り、領収証を発行してみよう

できあがりのイメージ

　Web上で、簡単に無料の印影を作ることができます。

　印影は、画像データ（PNG）とPDFで作成されます。

参考サイト：「認印作成コーナー」
http://www.hakusyu.com/webmtm/

　印影を作ったあとは、リザストの「全体設定」→「各種設定」→「領収証の設定」で設定を行います。

電子印影を作ってみよう

右上の印影 はPDF、左下の印鑑が画像になります。

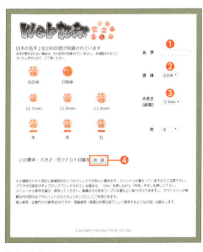

❺印鑑が2つ表示されます。後ろに隠れている画面の印影をダウンロードします。

❶苗字を入力。
❷左側の見本を参考にして、書体を選択。
❸大きさ（直径）を選択。
❹「作成」をクリック。

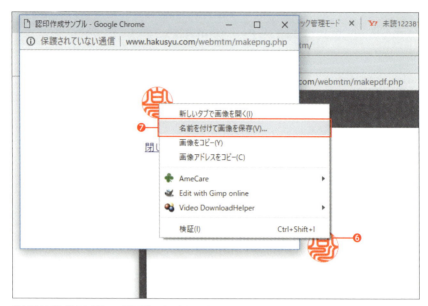

❻左下の画像（後ろに隠れている画面）の上で右クリック。
❼「名前を付けて画像を保存」をクリック。
❽パソコンに保存し、リザスト画像アップローダに入れます。

❾リザストの「全体設定」→「各種設定」→「領収証の設定」で「ファイルを選択」をクリックし、印影画像を設定します。

11.12 Google アナリティクスを設置しよう

Googleアナリティクスでは、アクセス状況の解析をすることができます。
アクセス数が把握でき、どこから訪問されたのかがわかります。
収益を上げるためには、とても有効なツールです。
さっそく、「Google アナリティクス」を設置してみましょう。

❶「アナリティクス」をクリック。

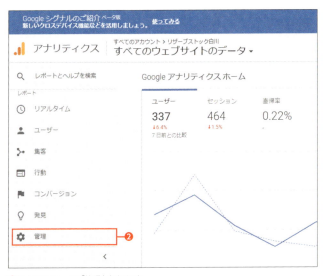

❷左上のメニューで「管理」をクリック。

❸「管理」タブが表示されているのを確認します。
❹「アカウントを作成」をクリック。

❺新しいアカウント名を入力。わかりやすい名前にしましょう。あとで変更も可能です。
例) リザスト　ショップ
❻自分の作ったサイト名を入力。
例) リザスト　ショップ
❼リザストのURLを入力。解析したいページ（ショップのURLなど）や、お客様からの表示URLを入れます。
❽近いと思う業種を選択。なければ「その他」でOK。
❾日本であれば「日本」を選択。
❿「トラッキングIDを取得」をクリック。

⑪「トラッキング情報」→「トラッキングコード」をクリック。
⑫「グローバル サイトタグ」に表示されたトラッキングコードをコピー。
⑬ ⑫をリザストの「全体設定」→「各種設定」からgoogleアナリティクスへ貼り付けます。

column

アクセス状況を確認してみよう

数日経過した頃に、アナリティクスに登録したショップや個人セッションのページを確認してみましょう!

Googleアナリティクスで
あなたのサイト訪問者を
分析して、集客に
活用しましょう!

STEP 11
便利な機能を使いこなそう!
リザスト活用編

235

11.13 他メールスタンドから読者を移行させよう

　他社のメルマガ配信スタンドから、メルマガ読者をリザストへ移行することができます。ここでは「フォームズ」からの移行方法を解説します（プロフェッショナル版以上で可能です）。

❶フォームズよりログデータを取得しよう

❶フォームズにログインし、「ログデータ」をクリック。
❷「ログ操作を表示」をクリック。

❸「CSV ファイルダウンロード」をクリック。

❷リザストのCSVテンプレートを取得しよう

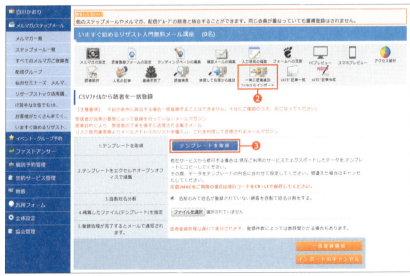

❶ リザストにログインし、移行したいメルマガを表示。
❷「一斉に読者追加ファイルからインポート」をクリック。
❸「CSVファイルから読者を一括登録」の「テンプレートを取得」をクリック。

リザストのテンプレートの編集

　テンプレートを取得した後、フォームズデータCSVの名前とメールアドレスを貼り付けます。具体的には以下の通りです。

❶ フォームズの「お名前」をリザストのA列「氏名」へ貼り付け。
❷ フォームズの「メールアドレス」をリザストのI列「メールアドレス(携帯と混在可能)」に貼り付け。
　※他にも住所や性別などのデータがあれば、該当の列に貼り付けてください。

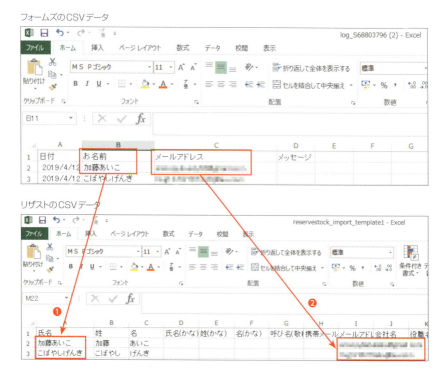

　※リザストは「自動姓名分割」にチェックを入れると、自動で分かれます。

❸作成したファイルを読み込もう

リザストのCSVデータを編集したら、元の画面で設定の続きを行ないます。

> **column**
> ### 注意事項
>
> なお、下記の条件に該当する場合、一括登録することはできませんので、十分に確認してください。
>
> ・受信者が自身の意思によって登録を行っていないメールマガジン
> ・営業目的により、受信者の了承を得ずに送信される電子メール
> ・リスト販売業者等よりリストを購入し、これを利用して送信されるメールマガジン

❶ 「4.編集したファイル（テンプレート）を指定」で「ファイルを選択」をクリックし、先ほど作成したテンプレートを選択。
❷ 「一括登録開始」をクリック。

239

「しばらくおまちください」が表示されます。処理には少し時間がかかります。

処理が終わると、読者数が増加されています。「読者検索」データを確認してみましょう。また、登録メールアドレスに、完了のお知らせが届きます。

> 「いますぐ始めるリザスト入門無料メール講座の読者登録処理が完了しましたのでご連絡いたします。」

確認するには「読者検索」をクリック。

読者数が増えていれば成功です。

11.14 グループレッスンで会場表示ができるイベントの作り方『上級テクニック』

グループレッスン（グループ予約）については、STEP2（P.59）で解説しました。
グループレッスンは、同じ内容、同じ会場での複数開催イベントや講座などに使えますが、会場が異なる場合には、単発イベントで違う会場のものを作成し、紐づけます。

・メリット
アドレス（URL）が１つで表示される
会場別に表示することも可能

・デメリット
操作が少し複雑

できあがりのイメージ

日時の右側に「サブタイトル」に入れた「開催場所」が表示されます。

作業の流れ
❶グループレッスンを作成する（グループ予約）
❷単発イベントを作成する
❸サブタイトルに場所名を入れる（イベント内容の設定）
❹その他の項目を設定する
❺グループイベントと連動
❻修正する

❶グループレッスンを作成しよう

詳しくは、STEP2（P.59）を参照してください。

❶「イベント・グループ予約」→「グループ予約」をクリック。
❷「新規作成」をクリック。

❷単発イベントを作成しよう

詳しくは、STEP2（P.40）を参照してください。

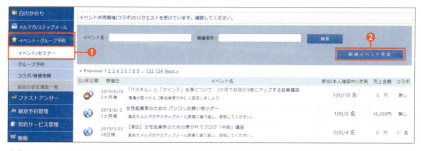

❶「イベント・グループ予約」→「イベント/セミナー」をクリック。
❷「新規イベント作成」をクリック。

❸イベント開催日を入力。

❸サブタイトルに場所名を入れよう

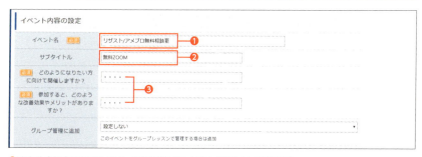

❶イベント名は表示されないため、ご自身がわかるイベント名を入力してOKです。
❷場所名を入力。グループに表示されます。例）無料zoom　お台場ランチ
❸必須となっていますが、表示されないため任意で構いません。

❹その他の項目を設定しよう

必須項目は、かならず入力します。わかりにくいときは、いつもと同じようにイベントを作成しましょう。非表示の項目に入力していても、とくに問題はありません。

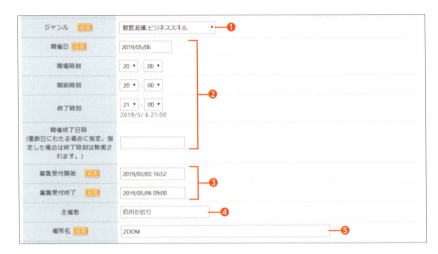

❶ジャンルを選択。必須項目です。非表示になります。
❷開催日時を設定。「開催日」は必須項目です。表示されます。
❸募集受付開始／終了を設定。必須項目です。表示されます。
❹主催者を入力。表示されます。
❺場所名と住所を設定。必須項目です。表示されます。

❻参加費を設定。表示されます。
❼支払方法を設定。表示されます。

244

❽定員や申し込み単位を設定。表示されます。
❾問い合わせ担当者の氏名・電話・メールアドレスを設定。表示されます。

　イベント（会場）ごとに、参加人数を設定できます。
　最後まで設定したら、会場ごとに「入力項目の編集」「確認メール」の編集欄を設定します。これらを設定後、「公開」設定にします。

❺グループイベントと連動

　グループイベントと、単発の講座を紐づけ（連動）させます。
　単発イベント表示から非表示（見えなくなります）になり、グループレッスンに表示されます。

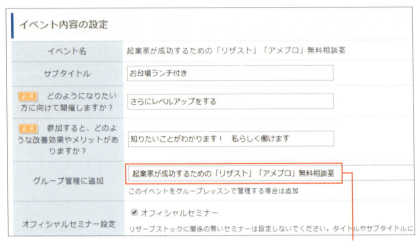

グループ予約で作成したグループレッスンが表示されています。　　　連動したいグループ名を選択。

⏱❻修正しよう

❶「イベント・グループ予約」→「グループ予約」をクリック。
❷「今後開催の開催回」が表示されるので編集。

リザーブストックよくあるお問い合わせ

Q メールが届かない

メルマガやステップメールが届かない、イベント等の通知メールが届かない場合、まずは下記についてご確認ください。

A1 迷惑メールフォルダに届いていないか

一番多いパターンは、迷惑メールフォルダに振り分けられてしまうことです。迷惑メールフォルダ等を確認してみてください。

A2 携帯キャリアのメールアドレスに届かない場合

携帯キャリアのメールアドレス (@docomo.ne.jpや@i.softbank.jp等) は、各社のスパムメール対策の結果、非常に届きにくくなっています。
これはリザーブストックに限った話ではなく、全般的に届きにくいものと考えてください。昨日までは届いていたのに、今日届かなかったというケースもあります。

2017年12月の仕様変更に伴い、携帯キャリアのメールアドレス宛にはHTMLメールは送信されなくなりました。文字メールを併用してください。

A3 リザストのメールアプリで全て解決

読者にリザストメールアプリを使ってもらえば、メルマガや連絡メールが確実に届き、文字化けもありません (届かない場合は設定の問題か、何かしらの不具合が考えられます)。
リザストメールアプリは、右のQRコードからダウンロード可能です。

Q ステップメールが届かない

A 最後の記事が配信された後に付け加えたり、順番を変えると届きません

ステップメールは、1話目配信と同時に2話目の配信予約が行われるため、1話目が配信された後に2話目がない場合、【配信終了】のステータスに変わり、記事を追加しても配信はされません。
配信終了のステータスの方に、追加した記事を配信したい場合は【ステップ終了読者に追加記事の配信を開始】のボタンを押す必要があります。
また、1話目配信後に、2話目と3話目の順番を変更した場合は、すでに2話目が配信予約済みのため、2話目が配信され3話目は送信されなくなります。

Q 文字メールとHTMLの両方を記載すると、本文がないメールが送られる

A 忘れずに「保存」をしよう

「HTMLメール」と「文字メール」両方に記事を書く必要がありますが、タブを切

り替える場合、「保存」を押さないとデータが消えてしまいます。

Q あるイベント参加の読者だけにステップメールを送りたい
A 送りたい読者を検索します

追加したいステップメールのページで、「検索して名簿から追加」にて「参加イベント名」のところにイベント名を記載して検索します。

Q イベント参加の何人かを選んでメールを送りたい
A 特定の人を選ぶことはできません

イベント参加者から、特定の何人かだけを選んでメールを送ることはできません。特定の人だけに送信したい場合は、配信グループを作成します。

Q メールに動画を埋め込み、送りたい
A メールに動画を埋め込み配信することはできません

メールに動画のURLを貼り付ける、または動画のスクリーンショット画像にリンクを張りつけることもできます。

Q メールにPDFファイルを添付したい
A メールにPDFファイルを添付することはできません

たとえば、Googleドライブの共有リンクを取得し、貼り付ける方法もあります。

Q コラボと後援の違いは?
A コラボは参加者の情報が共有され、後援はメルマガ内に後援文章が挿入されます

コラボは、参加者の情報が共有されます。コラボしている全員のアカウントのイベント一覧に掲載されます。
後援は、後援文を書くことで、自分のメルマガ内に後援文章が挿入されます(メルマガ編集画面で消すこともできる)。
主催者のイベント申込フォームで、自分のメルマガ登録を促すことができます。

Q ログインIDを変えたい
A ログインIDは変えられません

ログインIDを変えることは、基本的にできません(使えないメールアドレスでもログイン可能)。

リザーブストック オフィシャルトレーナー協会からのご案内

全国各地でユーザーを支援「リザスト公式オフィシャルセミナー」で安心サポート

リザストの設定から活用方法、自分生きビジネスの構築まで、しっかりと学びたい方に様々な公式セミナーを開催中です。

<開催例>
- リザスト入門セミナー
- 1日集中完全構築セミナー
- メルマガ講座
- 導線構築セミナー
- 3ヶ月WEBスクール、など

リザストを使った起業家・個人事業主の支援を、あなたのお仕事にしませんか？

　リザスト公認の「オフィシャルトレーナー&コンサルタント」の資格を取得すれば、多くの起業家・個人事業主の「自分生きビジネス」支援をあなたのお仕事にすることができます。
　オフィシャルトレーナー協会では研修プログラムを提供して資格発行を行っています。

「リザストオフィシャルセミナー」「オフィシャルトレーナー&コンサルタント資格取得」等に関する詳細・お問い合わせは、リザストオフィシャルトレーナー協会のリザストページまで。

日本WEBセレブ協会とは

10年後もお金に困らない起業家になる

こんなことで悩んでいませんか？

| リザストを活用したい
ブログを活用したい | | 認定講師として
活躍したい |

| 講座でしっかり
学びたい | ちょっと
知りたい |

こんな方と一緒に働きたいです
・パソコンが好きで、ありがとうと言われる仕事がしたい。
・自分を高めていきたい方
・「ITスキル」「マインドスキル」「ゴールスキル」を手に入れたい

ZOOM・対面
画面を見ながら
2時間 3000円
単発1時間 2000円

リザスト操作が実践で学べる
リザスト初級講座
リザスト基本・メルマガ・イベント・ヘッダー作成
リザスト中級講座
・ファストアンサー・・ステップメール・・ショップ・汎用フォーム

リザストへの入り口を作る実践講座（パソコンスキルアップ）
ブログ初級講座
ブログを専門家として書く・時短ツール　枠線
ブログ中級講座
記事の書き方（売上があがる・SEO）
ヘッダー作成ブログをカスタマイズする

習慣力・マインド・ゴールスキルが学べる
サクセスナビゲータ講座
ベーシック・アドバンス
自分のやりたいことがわかる。現実的に夢をかなえ最高の人生を送ることができる

詳しくはこちらのQRコードよりお問合せください
一般社団法人日本WEBセレブ協会

あとがき

本書を最後までお読みいただき、ありがとうございます。
私自身がリザストを使うようになってから、8年がたちます。
8年前の私は、屈辱の日々を送っていました。

パソコンを教える立場なのに、さっぱりわからないリザスト。現在地がわからず、今どのボタンをクリックしてこの画面にたどり着いたのかもさっぱりわからなくてイライラ…。
「リザストっていいよね」と言われて使い始めたけれど、何をどうすれば結果が出るのかがわからない…。ですから、使いこなせない方の気持ちがとてもよくわかるのです。

あるときから、ボタンを覚えたら、忘れないように「ブログに書く」ことを繰り返しました。私自身の備忘録のためです。
それを続けていることで、だんだん読者が増えていきました。

最近では、私のブログの解説を読んだだけで「リザストの操作ができました!」と言われることもよくあります。おかげさまで、ブログやメルマガの発信を続けていることで、たくさんのクライアントさんでいっぱいになりました。
専門性のあるブログを書き、興味を持ってくれた方がさらに知りたくなってメルマガを登録する。この流れを作ることが、起業家にとっては王道で、まさにはじめの一歩だと私は考えています。この王道メソッドを伝えたいと思いから、私は日本WEBセレブ協会を設立しました。

リザストを使って私自身が一番変わったことは、日本WEBセレブ協会のメソッドをプロとして伝える「認定講師」という新しい職業を生むことができたことです。
本を2冊出版することも夢として描いていましたが、まさか現実になるとは思っていませんでした。

夢が現実にできたのは、いつも応援してくれている、サクセスナビゲーター®創始者の前田出先生と仲間たちのおかげです。
前田先生のもとで、死ぬ日というゴールを決め、そこからの逆算思考でどんな未来

(10年後、3年後、1年後) を歩むのかを決めました。

　昨年の6月頃に、1年後には2冊目のリザストの本を出版すると決めました。決めたら不思議です。目の前が動き始めました。

「処女作を出版してくださった秀和システムさんに、メッセージしてみたら?」

とサクセスナビゲーターの同期で友人の星野友絵さんから背中を押され、編集部の大久村さんに連絡をとりました。

　そこから本書はスタートしたのです。

　そして、1冊目よりさらにパワーアップをはかるべく、重版率9割の実績を持つ株式会社サイラスコンサルティングの星野友絵さんに協力していただき、コンセプトや内容などを相談。処女作では紹介できなかったことまでたくさん盛り込めるようにしました。星野さんの会社のメンバーの遠藤庸子さんに、WEBセレブ協会のオリジナルキャラクターも制作していただきました。

　ブログを書くことと本を書くことはまったくの真逆の作業なんだ、ということも教わりました。

　最近気づいたことがあります。
　私の目の前に来てくれる方は、みなさんいい人ばかりなのです。

　リザストに出会えて、サクナビに出会えて、私の人生は激変しています。
　出版にあたって、リザーブストック創始者の相馬純平様、処女作に続いて監修をしてくださった西宮鉄二様、Q&Aの事例をたくさん提供してくださった鈴木紗季様、事例の掲載協力をいただいたみなさまに、心から感謝申し上げます。

　あなたの人生が、本書で大きくライフシフトできますように。

2019年6月6日
白川かおり

ご購読ありがとうございました

最後までお読みいただいたあなたに、
感謝の意を込めて、「ファストアンサーテンプレート」を、
「無料」で差し上げます。

読者限定
特別無料プレゼント

わずか1週間で100〜1000のリストが取れたと絶賛!

**リストが集まる「ファストアンサーテンプレート」
2種類のテンプレートプレゼント**

プレゼントは、下記から無料で受け取れます。

https://resast.jp/inquiry/39369

あなたのアイディア次第!
　あなたのファンになってくれそうな、未来のお客様を引き寄せましょう。
　基本の作り方はSTEP6を参照してください。

索引

記号・英数字

@reservestock.jp ……………………29
((friendly_name)) ……………………139
1日の最大予約件数 …………………113
API証明書 ……………………………157
canva …………………………………218
CSVファイル ……………………141,237
Google Chrome ………………………22
Google アナリティクス ………………233
HTMLメール …………………………77
mail_phrases …………………………99
PayPal …………………………53,157
PayPal 決済金額 ……………………57
PayPal入金確認メール …………52,215
PAYPAL連携 ………………………157
PCプレビュー ……………………57,84
QRコード ……………………………119
URLをコピー …………………………75
zoom …………………………………223

ア行

アクセス解析 ……………………57,84
一括入金確認処理 …………………57
一斉に読者追加/ファイルからインポート 85
イベント・グループ予約 ……………59
イベント情報/告知 …………………57
イベント/セミナー ………………40,42
イベントの削除 ………………………57
今すぐ配信 ……………………………82
受付時間編集 ………………………107
受付フォーム …………………48,95,135
受付フォームの文章 …………………72

お気に入り ……………………………23
オプションメニュー …………………114

カ行

開催回一覧/編集 ……………………61
開催後のお礼メール …………………51
開催前確認メール ……………………51
解約予約する ………………………184
概要・ポータル …………………82,204
顔写真 ……………………………28,33
各種設定 ………………………………37
確認メールの編集 ………………57,69,84
囲み枠 …………………………77,207
画像のURL ……………………………46
肩書き …………………………………29
画面の設定 ……………………………33
キャッチコピー ………………………66
キャンセルポリシー …………………146
キャンセル待ち ………………………57
協会員リクエストを出す ……………195
協会管理アカウント …………………193
協会管理機能 ………………………188
共同開催 ………………………………55
共同開催(コラボ/後援者) …………57
グループ予約 …………………40,241
契約サービス管理 …………………174
検索して名簿から追加 ………………85
限定公開 ………………………………56
後援者要請 ……………………………55
公式セミナー …………………………198
コース編集 ……………………………109
顧客名簿 ……………………………217

254